国家自然科学基金面上项目（52278065，51778277）资助出版

江苏高校优势学科建设工程三期项目立项学科
（南京大学城乡规划学）资助出版

◆ 大数据与智慧城市研究丛书 ◆

甄峰 主编

大数据与公共交通可达性

石飞 朱乐 席东其 著

商务印书馆
创于1897
The Commercial Press

图书在版编目（CIP）数据

大数据与公共交通可达性/石飞，朱乐，席东其著.—北京：商务印书馆，2022
（大数据与智慧城市研究丛书）
ISBN 978-7-100-20741-6

Ⅰ.①大… Ⅱ.①石… ②朱… ③席… Ⅲ.①公共交通系统—数据处理—研究 Ⅳ.①U491.1

中国版本图书馆 CIP 数据核字（2022）第 026753 号

权利保留，侵权必究。

大数据与智慧城市研究丛书
大数据与公共交通可达性
甄峰　主编
石飞　朱乐　席东其　著

商 务 印 书 馆 出 版
（北京王府井大街 36 号邮政编码 100710）
商 务 印 书 馆 发 行
北京新华印刷有限公司印刷
ISBN 978-7-100-20741-6

2022 年 9 月第 1 版　　开本 787×1092　1/16
2022 年 9 月北京第 1 次印刷　　印张 11

定价：65.00 元

"大数据与智慧城市研究丛书"编委会

主编

甄 峰

编委
（以姓氏笔画为序）

王芙蓉　　王　德　　刘　瑜　　林艳柳
徐菲菲　　柴彦威　　席广亮　　秦　萧
曹小曙

"大数据与智慧城市研究丛书"
序　言

随着大数据、云计算、人工智能、物联网等新技术的快速发展，智慧城市建设已经成为全球性共识，并作为世界各国推进城市发展与创新、提升城市竞争力和功能品质的基本战略选择。自2012年以来，住建部、科技部先后推出了三批智慧城市国家试点，开展了城市、园区、街道和社区等不同层面的实践探索。在智慧城市试点工作的推动下，超过500个城市进行了各类智慧城市的规划和示范建设。这场大规模的应用探索，一方面大幅度提升了中国城市基础设施的信息化、智能化水平，同时广泛积累了智慧城市建设的经验，进一步凝聚了智慧城市建设的社会共识。随着认识的不断深化，智慧城市被普遍认为是推动中国新型城镇化和提升城市可持续发展能力的重要途径。在新型智慧城市建设的同时，要本着以民生服务便利化、社会治理精细化为重点的基本出发点。然而，在广泛且热烈的智慧城市建设浪潮的面前，我们应该冷静地认识到，智慧城市是大数据时代的城市转型和升级，是未来城市的范式，它的建设既涉及工程技术创新，也需要科学理论指引。目前，理论、技术和工程问题的研究远滞后于建设实践的需求，需要学界和业界给予高度重视并迅速采取行动。

城市是一个开放的复杂巨系统，涉及复杂的数据和业务关联。智慧城市建设包括城市基础设施、社会经济、居民活动、资源环境、公共安全、城市治理等要素系统的数字化、网络化和智能化。各类智能技术的普及应用在催生各类在线虚拟活动的同时，改变了城市人流、物流、资本、信息、技术等要素流动的结构与模式，并对居民、企业和政府等主体的行为活动、社会联系以及城市功能空间等产生重构作用，且持续影响着人类活动与物质环境的交互方式。新一代信息通信技术为感知各类要素系统和城市物质空间提供新的技术手段，并在人地地域系统的调控中发挥着重要作用。在传统社会空间、物质空间的基础上，对于智慧城市空间的理解，也越来越关注信息空间、流动空间的影响和作用及其带来的城市复杂适应性的系统和韧性变化。因此，从地理学、城市规划学和信息通信技术等多学科角度，综合开展智慧城市的基础理论与规划方法研究，毫无疑问具有重要的科学价值和实践意义。

智慧城市建设带来了数据信息的爆发式增长。大数据则为智慧城市规划建设提供了强大的决策支持，在城市规划、城市管理、民生服务、城市治理的决策中发挥重要作用，也为城市科学研究提供了新的理念、方法和范式。针对当前智慧城市建设中存在的信息孤岛化、应用部门化等问题，迫切需要探索各类数据系统集成和整合应用的机制与协同策略。从城市发展的角度，需要在多源数据挖掘和融合分析的基础上，进行城乡区域各类要素的实时监测、动态评估、模拟仿真和时空可视化，探索时空大数据驱动的智慧规划方法体系，以提升资源要素配置效率、城乡区域空间治理水平和城市可持续发展能力。

针对当前国内智慧城市建设实践以智能基础设施、信息化项目为主导，缺乏对城市复杂系统的全面理性思考，以及综合系统的理论研究欠缺等现实问题，南京大学甄峰教授领衔主编了"大数据与智慧城市研究丛书"。该丛书立足于城市科学研究的视角，从"智能技术—人类活动—地理环境"关系协同、生命有机体、复杂适应性系统和韧性等角度探索智慧城市理论与规划方法体系；基于市民、企业和公共服务流动性以及流动空间分析评价，探讨智慧城市空间组织模式；利用多源大数据的时空融合分析，探索城市研究与智慧规划方法创新；面向新型城镇化发展，探讨智慧国土空间规划、智慧城市治理的框架与实现路径。该丛书从多学科综合的角度展开智慧城市理论和应用研究，为中国智慧城市研究提供了新的探索，为智慧城市建设实践带来新的思考和认识。

丛书主要特点有二。一是在深刻认识数字时代生产生活方式变革的基础上，从以人为本的需求挖掘和城市发展规律把握出发，构建基于人地关系、复杂适应系统等理论框架，探索开放、流动、共享与融合理念支撑的智慧城市研究范式；二是强调从智能技术与社会经济发展、居民活动、城市空间互动融合角度出发，理解智慧城市发展、空间布局和建设管理，并提出多学科综合和多源时空大数据融合的智慧城市规划框架与方法体系。

相信本丛书的出版将为未来智慧社会下的城市高质量发展、城市功能完善、治理效能提升以及规划建设提供启发和指导。毋庸置疑，多学科综合视角的智慧城市理论研究与规划方法体系探索意义重大，需要更多的学者加入，更需要更多的研究成果积累。希望本丛书的出版，能够吸引更多的学界和业界同仁加入智慧城市科学理论与工程技术的研究，为国家智慧城市战略实施以及地方智慧城市建设实践提供相应理论指引和技术支撑。

郭仁忠

中国工程院 院士

深圳大学 教授，智慧城市研究院 院长

"大数据与智慧城市研究丛书"
前　言

　　智慧城市是近十余年来世界各学术界、政府及企业关注的热点。中国信息化建设的起步虽然较西方发达国家晚，但却发展迅速。目前已经成为全球信息化大国和智慧城市建设的主战场。就概念而言，智慧城市起源于西方，中国在规划建设初期也大量学习、借鉴了欧美发达国家的经验和教训。但中国的智慧城市建设，在"摸着石头过河"的道路中，已经形成了自己的一套体系和建设模式。如今，在这个"百年未有之大变局"的背景下，总结经验与不足就显得非常必要。

　　智慧城市与我结缘，首先要感谢我的恩师——清华大学顾朝林教授。1998年，顾先生刚到南京大学就接纳我为博士生，并让我参加国家重点基金项目，引导我去探索"信息化与区域空间结构"这一前沿领域。那时的我，对这一领域还一无所知。感谢先生提供机会，使我于1999年和2002年先后两次赴香港中文大学跟随沈建法教授做研究助理和副研究员。期间，我有幸阅读了当时在内地还较少见到的大量英文文献，对当时在信息技术影响下的国际层面里的城市与区域研究理论基础、范式和进展方面有了较为全面的了解。有了这些积累的同时，还得到时任商务印书馆地理编辑室李平主任的大力支持，于2005年在商务印书馆出版了《信息时代的区域空间结构》一书。

　　2011年，我组织了第一届"信息化、智慧城市与空间规划会议"。在北京大学柴彦威教授的推荐下，我有幸邀请了住房和城乡建设部的郭理桥副司长做了关于智慧城市的主题报告。之后，应郭司长邀请，我参与了第一批、第二批国家智慧城市试点的遴选工作，并先后对北京、南京、济南、兰州、宜昌等多个城市进行智慧城市的调研与考察。在实践中，我也逐渐认识到智慧城市顶层规划设计的重要性，以及从城市科学的视角加强智慧城市研究与规划的必要性和紧迫性。郭司长在智慧城市规划建设方面的深入思考，促使我一直试图将信息化与城市研究、空间规划方面的理论与方法探索落实到智慧城市规划建设领域。这对本丛书的选题有着很大的启发。

尽管智慧城市的概念很热，也有大量的著作推陈出新，但作为一个自然、经济、社会、生态组成的复杂系统，智慧城市的规划建设显然不能单纯依靠技术路径。同时，伴随着移动互联网的普及以及各种信息化平台的建设，大数据开始强力支撑智慧城市的规划建设。基于大数据的城市研究与规划探索成果不断涌现。因此，我与时任商务印书馆副总编辑李平博士讨论后，并在他的大力支持下，推出了这套"大数据与智慧城市研究丛书"。

近些年来，随着中国智能技术在社会经济及治理领域的广泛和深度应用，以及经济转型与规划转型，大数据应用与智慧城市规划成为规划、地理、测绘与地理信息系统、计算机、信息管理等领域多学科研究的热点。我要感谢很多前辈和朋友，从他们的学术报告或成果交流中，我都汲取了太多的营养，对本丛书也产生了重大影响。他们是，叶嘉安院士、吴志强院士、周成虎院士、郭仁忠院士、陈军院士、张荣教授、陆延青教授、李满春教授、孙建军教授、卢佩莹教授、路紫教授、王德教授、柴彦威教授、修春亮教授、沈振江教授、党安荣教授、詹庆明教授、刘瑜教授、曹小曙教授、周素红教授、汪明峰教授、杨俊宴教授、徐菲菲教授、裴韬研究员、龙瀛研究员、王芙蓉博士、万碧玉博士、迈克尔·巴蒂（Michael Batty）教授、帕特里夏·L.莫赫塔拉（Patricia L. Mokhtarian）教授、曹新宇教授、叶信岳教授、彭仲仁教授等。同时，也要感谢南京大学"智城至慧"研究团队的师生们。做有"温度"、有"深度"的智慧城市研究与实践，是我们共同努力的方向。

大数据与智慧城市方面的著作是国内外城市研究、政策领域的优先选题，许多出版社都相继翻译出版了智慧城市和大数据相关著作，对智慧城市和大数据的理论研究和实践起到了方向性的引领作用。但是，国内目前的相关成果主要集中在政策和实践领域，虽名为智慧城市，但信息化建设的特色仅突出了实践指导性，对城市研究的理论创新尚存在不足。对地理、规划等相关学科发展的贡献略显薄弱，亟须加强。同时，国内的智慧城市成果技术主义痕迹浓厚。当前的从业者也多为IT领域专家与技术人员，故需要站在技术、人文与空间相结合的高度，基于更加综合的视野进行分析和研究，以便更好地指导智慧城市的建设和发展。更进一步，国外的成果多是从社会学和政策的角度关注智慧城市的综合治理。尽管对中国的智慧城市研究与发展有积极的借鉴意义，但当下仍需立足中国国情，面向解决当前的城市问题和实现可持续发展目标，从而构建智慧城市研究的理论框架体系。除此之外，还可利用大数据等手段对城市空间进行多维度分析与研究，探讨智慧城市的空间组织以及建设模式，以便更好地指导国内智慧城市的建设，推进新型城镇化和城市的可持续发展。

自 2010 年这套丛书立项，至今已过去 11 年。感谢商务印书馆领导以及地理编辑室李娟主任及其同事们，一直在支持、鼓励我，给了我足够的耐心和时间去做自由的探索。我时常很惭愧，未能保障丛书的及时出版。但现在看来，基于数十年的研究和积累沉淀下来、认真思考中国大数据与智慧城市已有的成就、存在的问题与未来的方向，才是这套丛书的目的所在。恰巧这些年来，大数据与智慧城市研究逐渐从蔓延式增长转向了理性的探索与思考。大数据应用与智慧城市建设模式及路径也逐渐清晰。新型智慧城市建设已成为主要发展方向。同时，作为全球最大的数字经济和智慧城市市场，"十四五"规划中提出的国家生态文明建设与新型城镇化发展，也为我们从事大数据与智慧城市研究及应用提供了新的背景、服务国家需求、成为试验田。

本丛书旨在对智慧社会理论进行总结与梳理，紧扣智能技术、人与城市空间的相互作用及其影响，探索基于城市研究的智慧城市理论与方法体系；对城市社会经济与空间转型进行分析，尤其是通过城市流动空间的评价，探索智慧城市空间组织模式；利用大数据对城市中的要素互动及其空间变化进行分析，探索新的城市研究与智慧城市规划的方法体系；在总结国际经验的基础上，将智慧城市建设与新型城镇化关联，结合国土空间规划体系改革，探索城市智慧治理的框架、内容与路径。

期待本丛书的出版，能弥补国内智慧城市研究理论创新与方法体系建设的不足；丰富城市地理、国土空间规划相关理论体系；为智慧城市建设实践提供理论、路径、方法上的指导；也为国际智慧城市规划建设提供中国经验。

甄峰

2021 年 4 月于南京

前 言

可达性是规划、交通和地理等学科较为常见的研究领域，自20世纪60年代以来，在全球得到非常广泛的研究和应用。运用可达性分析方法，可以从国家到省市层面，甚至城市局部空间的角度展开研究，以支撑用地规划、交通基础设施规划、城市地理和区域经济分析等。可以认为，可达性支撑了多个学科领域的研究与分析工作。其方法与技术较为成熟。

21世纪以来，时空大数据的应用为全社会、全行业带来了极为难得的数据基础和丰富的应用前景，并进一步深化了研究标的的分析精度。与可达性相关的大数据包括互联网地图提供的API接口数据、移动运营商提供的手机信令数据等。前者提供了海量的基于实时路况的出行时耗、出行距离和出行路径等数据，采用这类数据则大大提高了可达性的分析精度；后者根据手机信令数据可以较精确地得到基于基站覆盖范围的人口和就业岗位分布，从而为部分可达性的分析提供数据支撑（如就业可达性）。因此，大数据的支持是本书的亮点，并为可达性的分析提供了新思路和新方法。

可达性又称交通可达性，并往往成为时间可达性的代名词。事实上，可达性的内涵丰富，并可划分为时间可达性、就业可达性、费用可达性，结合公交站点还可以分析步行可达性等。本书将就上述可达性分类展开讨论，并基于大数据基础给出分析方法和实证研究。

最后，但并非不重要，本书主要研究公共交通可达性。这类单一交通方式的可达性在此前的可达性研究中较少为学者关注，更缺少系统的、全面的分析。不容忽视的问题是，公共交通是城市交通尤其是特大城市最为关注的交通方式，因此，研究公共交通可达性对城市交通可持续发展、构建公交都市、倡导公交优先等有着积极的方法意义和实践意义。

本书的出版得到了国家自然科学基金和江苏省优势学科的项目支持。本书的作者长期从事与可达性、大数据相关的研究工作。在此需要感谢的是南京大学城市规划专业的徐建刚教授、甄峰教授、尹海伟教授、徐逸伦副教授、祁毅博士，以及曾在南京大学工作过的沈青教授、刘贤腾博士等。他们在可达性研究、大数据应用等方面的成就和贡献是我们从事该领域研究的重要基础和动力。参与编撰的同志还有：李迎春、秦艺帆、董琳、原榕、潘薪同、杨硕等。书中如有争议之处，请联系作者 shifei@nju.edu.cn。如有不妥之处，还望读者谅解。

作 者

2021 年金秋于南京大学建良楼

目　录

第一章　概念与方法 ·· 1
　　第一节　概念解析 ·· 1
　　第二节　方法进展 ·· 5
第二章　数据基础 ·· 18
　　第一节　路径规划 API 数据 ·· 18
　　第二节　手机信令数据 ··· 28
第三章　时间可达性 ··· 34
　　第一节　概念 ·· 34
　　第二节　方法 ·· 34
　　第三节　实证 ·· 37
　　第四节　结论 ·· 52
第四章　就业可达性 ··· 54
　　第一节　概念 ·· 54
　　第二节　方法 ·· 56
　　第三节　实证 ·· 60
　　第四节　结论 ·· 95
第五章　费用可达性 ··· 98
　　第一节　概念 ·· 98
　　第二节　方法 ·· 99
　　第三节　实证 ··· 103
　　第四节　结论 ··· 116

第六章　公交站点步行可达性 ··· **118**
　　第一节　概念 ··· 118
　　第二节　方法 ··· 119
　　第三节　实证 ··· 133
　　第四节　结论 ··· 148
参考文献 ··· **150**
后记 ··· **158**

第一章 概念与方法

第一节 概念解析

一、可达性概念

可达性（Accessibility）的内涵十分丰富，在不同问题和场景下有着不同的含义（Pirie et al., 1979）。可达性是人们接触和参与活动的能力（Levine et al., 2002），是交互的潜在机会（Hansen, 1959）。可达性广义上被定义为易于访问，是人们使用可选择的交通模式达到必要或期望活动的能力（Handy et al., 1997）。同时，可达性还可以被理解为获得更多可用机会的容易程度，以及用于从起点到目的地出行的固有阻抗。通常"机会"根据就业岗位、距离或时间单位的阻抗来衡量（Niemeier, 1997）。

根据盖尔（Geurs, 2004）和范威（Van Wee, 2004）的观点，无论从哪方面来看，所有可达性都与四个因素相互作用：交通运输、土地利用、时间和个体。交通因素代表了个人使用特定运输方式，从起始点到目的地之间克服的距离或时间（运行、等待和停车）成本以及运输方式本身的属性（包括可靠性、舒适性、安全性等），着重考虑交通的供需关系、居民的出行需求是否可以得到充足的基础设施供应保证。基础设施的供应包括其所在位置和特征属性（如最大行驶速度、车道数量、公共交通时刻表等）；土地利用反映了目的地可获得机会的性质和空间分布，同时表示居民在居住地对于生存发展机会的需求，以及由于供需之间的差距而产生了城市不同区位的潜在竞争；时间因素说明基于不同出行目的，需要多少时间来获得想要得到的机会。一天中不同时间的获得机会的可用性是不同的。比如上班需要在特定时间内赶到，因此其可达性有一定的时间段限制。另一个例子，超市有固定的开放时间，如果人们没有在开放时间到达，则该超市不可达；

个人因素则考虑了个人的基础特征，如收入、性别和受教育水平等。这些都将影响人们对于交通出行模式的选择和最后获得的发展机会。例如可达性对较低教育程度群体的影响较小的原因可能是这些群体受到妨碍其就业机会的非空间因素的限制较小；对于受教育程度较高的工人来说，空间分离本身的时间和金钱成本可能起着相对更重要的作用，因此可达性可能对他们进入劳动力市场的决策和能力产生更大的影响。

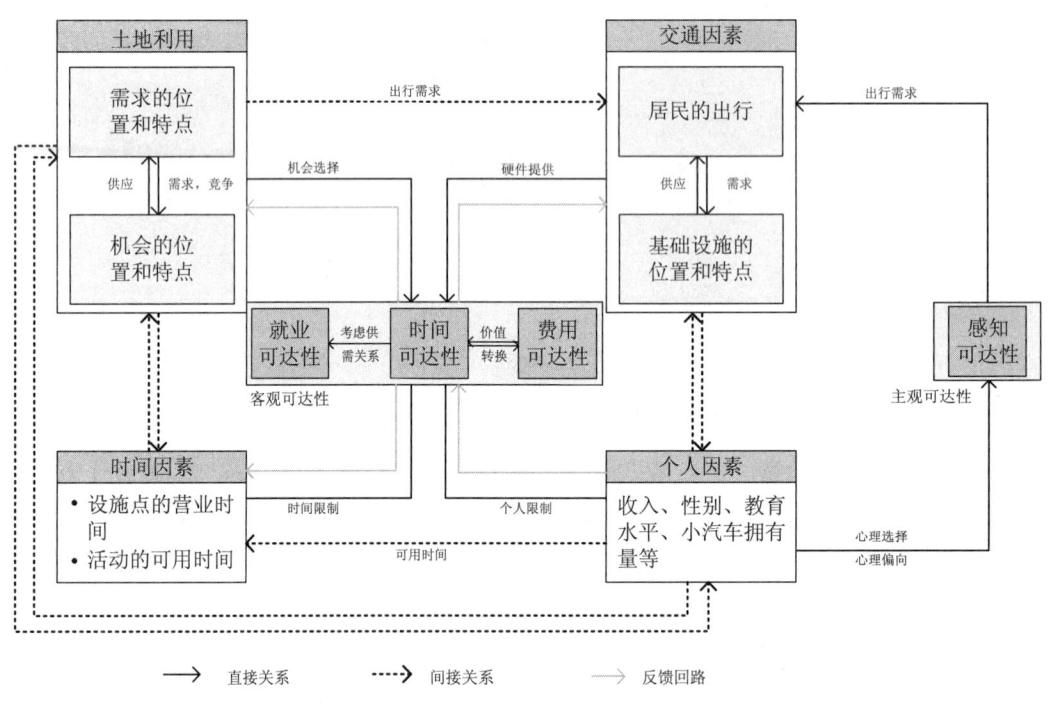

图 1-1 可达性与各因素之间的关系

二、公共交通可达性概念

在以道路交通可达性作为重点的相关研究中，不同交通方式下的可达性水平及其对比是相关研究的热点，主要分为步行可达性、小汽车可达性、轨道交通可达性以及常规公共交通可达性。公共交通可达性（Public Transport Accessibility）是指以乘坐公共交通（公共汽车、轨道交通、公共自行车、渡轮、索道等）为主要出行方式，达到一定的出行目的过程中所遇到的各种阻抗，是一种衡量区位价值的综合性指标。

公共交通可达性拥有空间属性、时间属性、社会属性和经济属性。它不仅可以反映城市空间特征，同时也对城市中生活的人的社会经济属性和生活习惯，具有一定的解释力。本书中的公共交通可达性具体包括时间可达性、就业可达性、费用可达性以及公交站点的步行可达性。首先，从公共交通可达性的空间属性来看，它是克服空间阻隔的难易程度（Ingram et al., 1971；Allen et al., 1993； Maćkiewicz et al., 1996）、一定时限下乘坐公共交通工具所能得到发展机会（Wachs et al., 1973; Black et al., 1977）、空间相互作用的潜力（Shen, 1998; Morris et al., 1979）；其次，从公共交通可达性的时间属性来看，在同等出行条件下，不同出行方式的出行时间不同，这不仅代表着交通工具本身的属性，更代表着选择不同交通工具出行的群体在出行效率和能力层面上的差异；再次，从公共交通可达性的社会属性来看，不同群体由于个人社会属性不同，可达性则会不同。而选择公共交通或者小汽车出行，会反应其背后的社会群体出行公平性问题；最后，从公共交通可达性的经济属性来看。消费者剩余理论应用在可达性研究之中，出行产生的效应不同，可达性不同（Banister et al., 2001）。

三、公共交通可达性概念拓展

（一）主观可达性和客观可达性

在可达性的研究发展中，学者们正逐步从只关注出行物理成本的客观可达性转变到注重人们出行感受的主观可达性。在公共交通可达性的概念拓展中，重点将两者与其他因素之间的关系阐述清楚，为之后的研究在理论基础和研究框架方面提出参考意见。客观可达性通常涉及出行成本（例如距离或时间），而不考虑人们在特定背景或研究领域中这些方面是否被认为是重要的。主观可达性又被称为感知可达性，具体指每个人实际感知的出行感受，如何轻松地使用交通工具达到一个令人满意的生活。莱特曼（Lättman, 2016）等指出感知可达性与一般的可达性考虑出行成本不同，他们认为可达性可能取决于其他因素，例如出行品质和质量、出行安全感或出行频率。

早期研究将出行满意度作为主观可达性的判断方法。洛菲（Lotfi, 2009）和库萨里（Koohsari, 2009）在他们的德黑兰研究中比较了主观和客观的可达性，并通过对一种出行目的进行访谈得到了主观可达性，其中被采访者对出行进行了满意度的评判（非常好、良好、中等或低）。如果他们表示满意度低或中等，则被要求解释不满的具体原因。同时他们在比较中发现,同一区域的客观可达性和主观可达性存在着一定的差异。柯尔（Curl，2011）等人在研究中区分了主观和客观可达性，在对人群展开半结构化访谈中，发现了主观和客观可达性之间存在差异，并呼吁人们应该做更多这样的研究。

在实际的城市发展中，客观可达性可以在一个区域内评估可访问性非常高，即使该措施可能考虑到该区域的居民没有意识到的机会或目的地。但是考虑到个人的需求和主管喜好，会导致人们在同一区域，客观可达性和主观可达性不匹配，从而存在着潜在的供需不平衡的差异，这样的差异可能导致政府在交通运输资源分配中的浪费，以及社会排斥的增加和受影响人群的主观幸福感与生活质量的下降。如在高收入群体集聚区，不仅各项基础设施配建完善，而且由于其本身出行能力就强于低收入群体，故对于公共交通的主观需求可能就没有低收入群体高；相反对于低收入群体而言，其对于公共交通的主观需求很高，故实际的客观公共交通可达性不高，进而导致了供给与需求的不匹配，造成了公共资源配置的失衡。

主观可达性和客观可达性相互补充，确保了可达性研究理论的完整性。客观可达性研究由出行目标的选择决定，而通过确定感知可达性的衡量标准，可依据出行者的主观经验和意识来补充现有的可达性理论的不足（Van，2016）。

（二）四类可达性（时间、费用、就业、感知可达性）

本书将公共交通可达性的内涵及外延进行拓展，对于时间可达性（Time Accessibility）、费用可达性（Cost Accessibility）、就业可达性（Employment Accessibility）、感知可达性（Perceived Accessibility）四者关系进行构建，从而全面构建公共交通可达性的理论框架。公共交通可达性基于对不同出行成本的定义，可以分为时间可达性和费用可达性。时间和费用可达性可以通过一定的价值衡量体系相互转换。针对不同群体对于时间成本的敏感度，除去社会支付的外部成本、公交票价和补贴等，可以得出综合的出行成本费用。时间因素和个人因素影响限制了个人出行的时间可达性，而土地利用和交通因素为时间可达性提供了机会选择和硬件基础。

就业可达性则基于时间可达性考虑出行的供需关系。它是衡量交通公平的重要指标。人们由于收入不同，因此选择出行工具的能力不同。低收入群体在获取工作能力层面则要弱于高收入群体（吕斌，2013）；其次，可达性的空间分布特征将影响人们获取就业机会的能力，可达性差的区域的人们获得的发展机会较少，从而收入较低，造成了恶性循环（周江评，2004）。就业可达性为物理属性的客观可达性，而由人内心做出的心理偏向和心理选择则是感知可达性的具体呈现。感知可达性是人们根据自己内心的喜好做出的出行意愿，从而得到的出行体验，其与人的主观判断和喜好有关。

综上所述，公共交通可达性在城市研究中有着重要作用，从土地利用（Hillman，1997）、交通规划（Dalvi et al.，1976）、城市基础建设（Tyler，2011；Ben-Akiva，1979）、就业情况（Shen，1998）到乘客对于公共交通可达性的满意度关系（Bertolini et al.，2003）等多方面均有着一定的衡量价值。

第二节　方法进展

国外关于公共交通可达性的研究起步较早，大量的文献专门用各种研究方法来衡量可达性。这些方法大致分为四类（Geurs et al.，2004）：基于不同位置之间的相互重力作用下的可达性测量（Alam et al.，2010；Minocha et al.，2008）；基于空间时间的限制，研究人们在给定时空约束条件下活动的范围和频率（Miller et al.，1999；Neutens et al.，2010）；基于对获取机会的衡量，例如在特定起始点一定成本（距离/时间/费用）内，可到达目的地或者获得工作机会的数量（Owen et al.，2015；O'Sullivan et al.，2000；Witten et al.，2003；Witten et al.，2011）；基于计量经济学的，计算消费者剩余价值和运输系统的个人用户获得的净收益（Ben-Akiva，1979）。国内公共交通可达性研究主要开始于20世纪90年代，研究成果有限。刘贤腾（2007）针对可达性的空间属性进行了研究综述，其中详细说明了基于机会积累、基于空间阻隔和基于相互作用的三种空间可达性研究方法，并清楚地介绍了每种研究方法的概念、意义与算法，同时也阐述了其使用范围与局限性。曹小曙、黄晓燕（2013）将广州划分为500米×500米的网格，对于公共交通出行过程进行了可达性研究。

综上所述可达性研究的角度共分为基于个人的、基于效用的、基于基础设施的和基于位置的可达性研究。基于个人的可达性研究分析个人层面的可达性，例如一个人可以在特定时间参与的活动数量。这种措施建立在时空地理学研究，用于衡量环境对个人行动自由的限制；基于效用的可达性研究则以经济利益作为衡量标准，计算每个人出行的经济收益；基于基础设施的可达性研究则分析交通基础设施的性能或服务水平，观察道路网络上的拥堵程度或计算平均行驶速度；基于位置的可达性研究通常在宏观层面上分析位置的可达性。这些措施描述了空间分布活动的可达性水平，例如设定一个起始点计算其一定时间内可获得的机会。更复杂的基于位置的可达性研究则明确地包含容量限制条件或考虑获取不同机会的竞争效应。

基于国内外公共交通可达性研究进展的回顾，按照学者研究的时间线并结合模型算法与精度的不同，将分析方法具体划分为以下七种。

一、基于缓冲区的公共交通站点可达性

公共交通的物理可达性从公共交通服务设施的供应视角出发，计算起始点到公交站点的可达性（Zhao et al., 2003; Currie, 2010; Gutiérroz et al., 2008; Biba et al., 2010）。一般来说，五分钟的步行时间被广泛接受，步行速度约为 80 米/分钟，则可接受的步行距离为 400 米（O'Sullivan, 1996）。因此基于 400 米的出行范围，相关研究大致有两种方法衡量公共交通站点的可达性（图 1-2）。

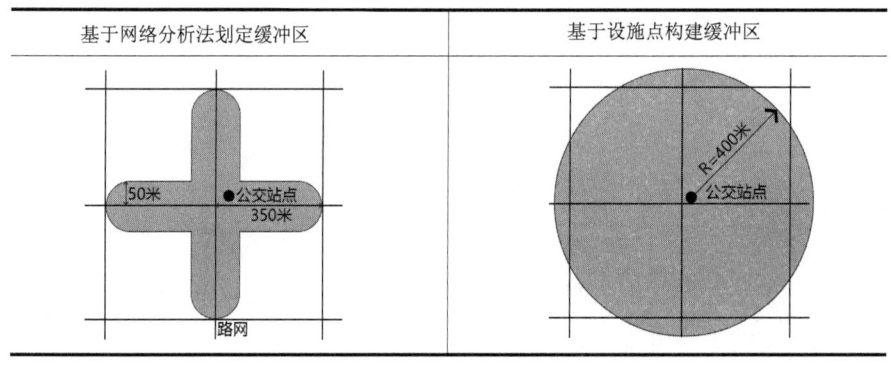

图 1-2 公共交通站点服务区范围划定方法示意

方法一为基于网络分析法划定缓冲区（Buffer）（Yigitcanlar et al., 2007）。确定公交站点的位置后，基于路网划定 350 米的可达范围，根据可达路网做 50 米的缓冲区。缓冲区的范围就是公交站点的服务范围。方法二基于设施点构建缓冲区（Horner et al., 2004）。这种方法以公交站点为圆心，以 400 米步行距离为半径划定缓冲区。构建网络缓冲区比使用欧几里得缓冲区来计算过公共交通站点的服务区域更为精确，因为欧几里得缓冲区高估了公共交通站点的服务区域（El-Geneidy et al., 2010; Horner et al., 2004）。

公交站点的可达性研究所需数据为公交站点和道路网数据。它是衡量公共交通站点服务能力的重要衡量标准。但是这种公共交通可达性没有全面考虑实际的公交出行过程，

对于评价公共交通可达性不够全面。本书后续章节会用到该模型。

二、基于供需模型的公共交通面状可达性

美国学者汉森（Hansen）于 1959 年提出了汉森势能模型被城市规划和交通工程等领域广泛应用（Wilson，1974；Hutchinson，1974；Thakuriah，2001）。尽管有大量的研究人员应用汉森势能模型，但是模型也具有一定的局限性。莫里斯等人指出势能模型只考虑了"供应方"，忽略了"需求方"（Morris et al.，1979）。沈青进一步将其深化，提出了沈青供需模型（Shen，1998），是公共交通可达性模型中较为常用和认可的一类。

沈青供需模型中考虑了发展机会本身的供给能力和人们需求发展的需求程度，同时考虑了出行方式和道路网络的选择。而每个城市的出行条件不同，因此在考虑公共交通的就业可达性时，要具体计算公共交通出行的空间阻隔衰减函数。

$$D_j = \sum_k P_k F(C_{kj}) \qquad 式1-1$$

$$A_i = \sum_j \frac{O_j}{D_j} F(T_{ij}) \qquad 式1-2$$

式 1-1 中：D_j 指在 j 区中，可以寻找到的就业机会；P_k 指在 k 区中，寻求就业机会的居民数量；$F(T_{ij})$ 为 i 区至 j 区的空间阻隔衰减函数。式 1-2 中：A_i 为研究区的就业可达性；O_j 为分布在 j 区的发展机会。

公共交通就业可达性模型的构建首先根据实际交通情况划定了交通分析区（Traffic Analysis Zone，TAZ），从而进行相关人口数据收集；其次，确定交通分析区的质心，认为质心所在位置代表该交通分析区一切属性；最后，基于沈青供需模型的计算公式，对于每个交通分析区进行就业可达性的计算，将计算结果赋予每个交通分析区。（图 1-3）

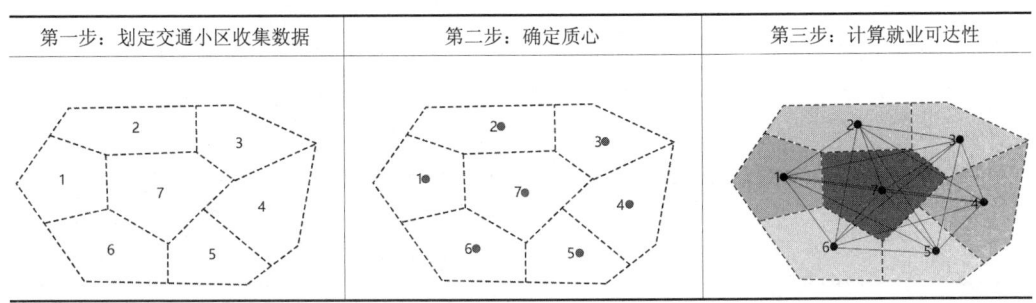

图 1-3　基于供需模型的公共交通面状可达性模型构建示意

胡安（Juan，1979）和丹尼尔（Daniel，1979）将空间阻隔的外延进行了拓展，考虑到实际研究区内的人群的特征，将其经济社会属性考虑到阻隔函数中（式1–3）。

$$F(d_{ij}) = e^{-\beta T_{ij}} = e^{-\beta_1 T_t + \beta_2 T_c}$$
式1–3

在式1–3中，T_{ij}为i区到j区之间的广义出行成本；T_t为区i和区j之间的时间成本；T_c为区i到区j出行费用占个人收入的百分比。通过将空间阻隔衰减函数细化为时间成本和费用成本，可以在政策制定时，对公共交通发车频率、出行时间和公交票价等进行调控，以切实保证人们公交出行的高效和公平。

基于沈青的供需模型较粗略地反应了城市公共交通就业可达性没有考虑实际的公交出行路线。针对这一问题，有关学者进行了基于网络分析的公共交通可达性研究。本书后续章节会运用到该模型。

三、基于网络分析法的公共交通网络可达性

伊吉特坎拉尔（Yigitcanlar，2007）等基于GIS使用土地利用和公共交通网络数据构建了可达性指标（Land Use and Public Transport Accessibility Index，LUPTAI）来衡量利用公共交通到达土地利用目的地的可达性，以网格为基本分析单元，将研究单元精细化，考虑了实际公交出行路径，进行了网络分析，是一种提高公交交通可达性精度的方法。帕帕（Papa，2015）和贝尔托利尼（Bertolini，2015）运用1平方千米网格展开研究。

公共交通网络可达性具体模型构建分为四步。第一步进行网格划分，根据研究目的和研究精度需要将研究区划分为固定大小的网格；第二步构建公共交通网络，将研究区内所有公交线路和站点均进行数据收集与处理；第三步根据实际公交线网进行网络分析，计算每个公交站点的可达性；第四步将公交站点的可达性属性赋予网格（图1–4）。

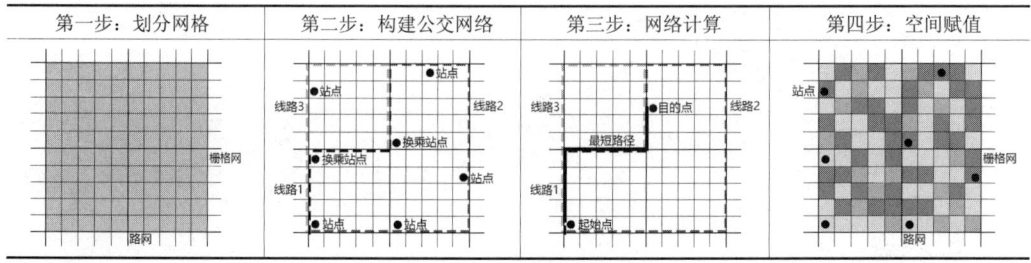

图1–4 基于网络分析法的公交可达性计算示意

基于网络分析法可以精确计算公共交通出行实际的可达性，同时国外相关研究将出行目的考虑进去，具体划分为五大类：健康、购物、财务、邮政、教育和娱乐（Zhao et al., 2003）。席尔瓦（Silva, 2010）等开发了结构辅助层模型（SAL），对于每个子区域，计算可达到的不同目的地类型数量的人口数，将网络分析法的外延进行深化，实现了基于公交网络的公共交通网络可达性的计算。但是受到矢量数据对空间抽象能力的限制，可达面的生成经常需要采用空间插值的方法，在公交路网密度不大的地区效果较差。

四、基于成本栅格法的公共交通可达性

奥沙利文（O'Sullivan, 2000）等使用等时线来分析公共交通可达性，生成区域公共交通可达性地图。程朝伦（音译，Cheng, 2010）和阿格拉瓦尔（Agrawal, 2010）构建了一个可达性工具，用于计算交通服务区域的公交行车时间（Cheng et al., 2010），是对奥沙利文方法的延伸。伯恩斯（Burns, 2007）和英格利斯（Inglis, 2007）构建了成本面，以确定到达超市和快餐店的出行费用和时间。

基于成本栅格法的公共交通累积可达性计算的是空间中一点的公交可达性。第一步将城市中空间特征结构要素，如山体、水体、道路等进行成本赋值，构建一个成本栅格面；第二步以起始点为计算源；第三步设定出行成本，这个成本可以是出行时间，也可以是出行费用。第四步进行成本加权计算，将出行成本一致的栅格是边界进行连接形成等值线（图1–5）。该方法将城市基本的空间矢量要素转变为栅格数据再抽象成图的结构加以计算，可以精确计算二维面空间的可达性，但是受栅格数据结构的限制，无法模拟真实的公交出行场景，因为栅格单元在模型中的设定是相通，因此无法精确模拟公共交通运行中的固定轨迹和到站停靠等情况。

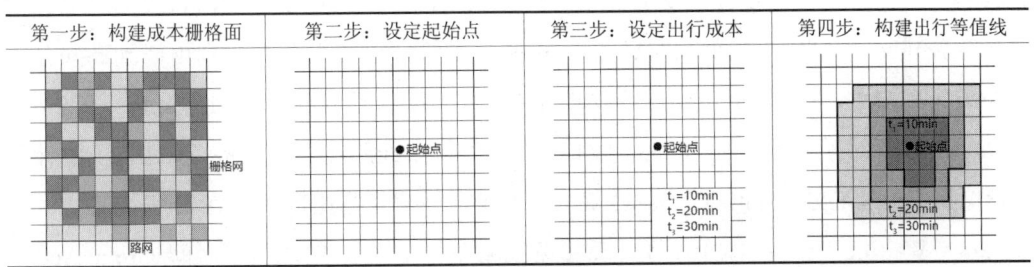

图1–5　基于成本栅格法的公交可达性计算示意

五、基于成本栅格与网络分析的集成法的公共交通可达性

为了弥补成本栅格法与网络分析法的不足，相关学者开始借助拓扑理论，将两种方法融合，提出了成本栅格与网络分析的集成法。蒋海兵等通过划定等时圈，将高铁通车前后可达性的变化进行了对比研究（蒋海兵，2010）；祁毅则针对居住用地的公共交通可达性展开了研究（祁毅，2010）。

该方法结合了以上两种方法，在步行过程中使用成本栅格法计算出行成本，在公交运行过程使用网络分析计算出行成本。具体操作为第一步根据城市空间要素构建成本栅格面；第二步选择公交线路；第三步，若发生公交换乘，则要累积换乘成本，公交运行过程按照网络分析计算最小阻抗；第四步，基于成本栅格面计算从公交车步行到目的地所遇到的阻抗（图1-6）。这种方法不仅基于公交网络精确地计算了公交运行过程中遇到的阻抗，同时考虑了步行过程中所遇到的阻抗，提高了公共交通可达性计算的精度。

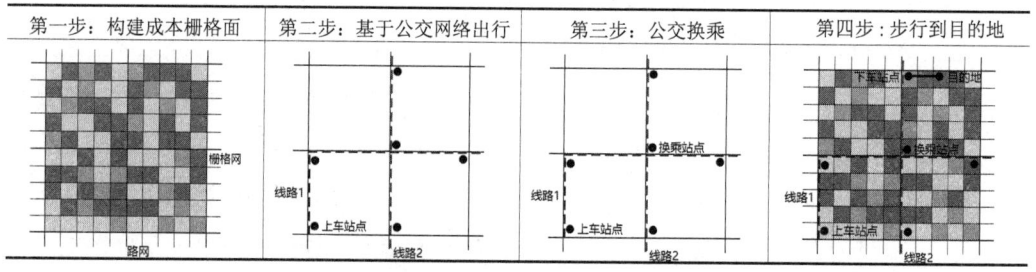

图1-6 基于成本栅格与网络分析集成法的公交可达性计算示意

伦敦公共交通可达性水平（Public Transport Accessibility Levels，PTAL），是一种相对成熟且较为简单的衡量公共交通网络通达性水平的方法。在给定的区域内，根据该数据计算公共交通可达性指数（PTAI），并按照分类级别进行划分，级别由低到高共分为PTAL0~PTAL6b九个等级。具体计算步骤为：1.计算到服务点（Service Access Points，SAPs）的步行时间（Walking Time，WT）；2.计算每条线路在每个服务点（SAP）的计划等待时间（Scheduled Waiting Time，SWT）；3.计算每条线路在每个SAP的平均等待时间（Average Waiting Time，AWT）；4.计算每条线路在每个SAP的总接驳时间（Total Access Time，TAT，TAT=WT+AWT）；5.计算每条线路在每个SAP的等效频率（Equivalent Doorstep Frequency，EDF）EDF=0.5×(60/TAT)；6.计算接驳指数（Access Index，AI）；

7.转换为 PTAL 值。其中等时线的创建方法有两种,时间制图(Time Mapping,TIM)和伦敦公共交通接驳计算制图(Calculator of Public Transport Accessin London,CAPITAL)。公共交通采用伦敦交通模型中的铁路计划(Railplan)模型测算出行时间。TIM 基于交通小区,考虑了交通小区形心之间的出行时间。而 CAPITAL 采用栅格形式计算,允许自定义出行起讫点,对公共交通接驳的时间考虑得更加细致,考虑了从出发点(或目的地)到公共交通服务站点的时间。(张天然,2019)

六、基于高性能图形数据库的公共交通高精度可达性

公共交通高精度可达性研究考虑了出行全过程。基于高性能图形数据库可以精确模拟公共交通出行过程中重要环节——公交换乘,是一种建筑到建筑的公交可达性研究。

公共交通出行的全过程包括三大部分:从起始点到公交站点、公共交通运行和换乘、从公交站点到目的地。根据起始点到目的地点之间的最短路径,计算公共交通出行可达性。根据实际出行路径,绘制标准出行路线图(图1-7)。

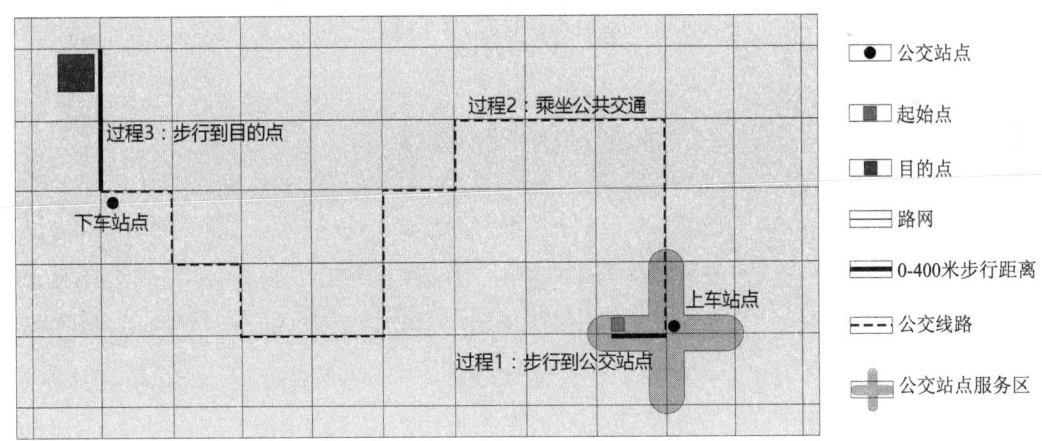

图1-7 公共交通出行全过程示意

以时间为阻抗的公共交通可达性的计算公式:

$$T_{公交}=T_{步1}+T_{等1}+T_{运1}+(T_{步2}+T_{等2}+T_{运2}+\cdots+T_{N换})+T_{步3} \quad 式1-4$$

其中 $T_{N换}=T_{步N}+T_{等N}+T_{运N}$

式1-4中 $T_{公交}$ 代表公交车出行总时间;$T_{步1}$ 代表从起始点到公交车站的步行时间;$T_{等1}$

代表等公交车的时间；$T_{运1}$代表公交车1运行时间；$T_{步2}$代表到公交车站2的时间；$T_{等2}$代表等公交车2的时间；$T_{运2}$代表公交车2运行时间；$T_{N换}$代表第N次换乘；$T_{步3}$代表从最后的公交站点到目的地的步行时间。括号里面的是可以选择的方式，具体换乘次数要根据研究城市的平均换乘次数来确定。

公共交通出行过程中的重要环节就是公交换乘。它影响全过程的出行成本，因此具体介绍公交换乘的分析方法。假设公交出行中发生了换乘，那么发生换乘的条件是在下车点一定范围内存在换乘站点和线路的选择。如图1–8从线路1的站点1上车后，坐到站点4下车，在人们可以承受的步行范围内找到换乘站点15，且步行时间加上等车时间小于线路1和线路2的发车时间差，则换乘可以实现。

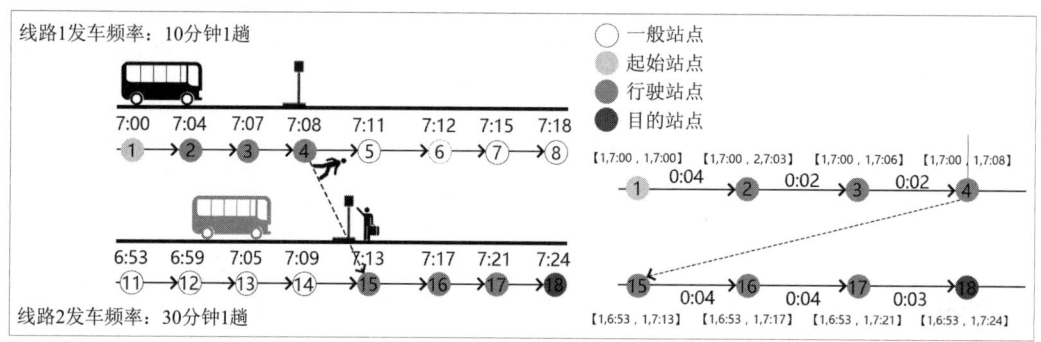

图1–8 公共交通换乘示意

贝嫩森（Benenson，2017）等人将每一个节点都进行标准化信息收集录入，将公交站点信息标记为：N =< T_LINE_ID, TERMINAL_DEPARTURE_TIME, STOP_ID, STOP_ARRIVAL_TIME>。迪杰斯特拉（Dijkstra，1959）应用标准的 Dijkstra 算法来建立最小生成树，找到所有最短路径，确定起始点建筑物到其他所有目的点建筑物之间的累积阻抗，最终所有计算使用结构化查询语言—数据库管理系统（Structured Query Language-Database Management System，SQL-DBMS）服务器执行，得出可达性值表与空间相关联，在 GIS 中进行可视化。

空间高分辨率公共交通可达性研究涉及大量原始数据的处理，从而导致大量的计算问题。因此，大部分在高分辨率条件下进行可达性的研究，因为计算能力的限制，都将其研究区域的大小或起始点和目的地点之间的可能路线数量限制在一个较小的区域。关美宝（音译，Kwan，1998）、雷婷丽（音译，Lei，2013）和韦尔奇（Welch，2013）等人都研究大都市地区中相对较小的区域；金佩尔（Kimpel，2007）只考虑城市中部分人口的出行可达性，将研究范围划定在换乘站附近的人（Kimpel et al., 2007）；或者仅考虑起始点的选择，而不考虑出行目的；或将研究区选在一个公交线路数量有限的小城市中，并且关注几个有限数量的目的地。最近的两个研究考虑了出行的全过程，雷婷丽（Lei，2017）考虑到回程，朱胡斯（Djurhuus，2016）等人考虑到多个公交站点，并研究了基于可承受的步行到家距离的可达性。贝嫩森等人（Benenson，2017）的基于建筑到建筑的公共交通可达性的研究利用了强大的计算机终端，因其需要大量的 CPU 资源以及磁盘存储，同时必须严格遵循预定义格式的庞大数据阵列的计算算法，故大量使用并行化和缩放技术。但通常城市规划研究机构难有这样的大型设备，并且数据获取的难易也限制了这种方法的实际应用。

七、基于开放地图 API 的公共交通高精度可达性

国外基于谷歌（Google）地图应用程序编程接口（Application Interface，API）的线路规划工具做了大量研究。博伊斯乔伊（Boisjoly，2017）等将出发时间设定为早上 7 点，以便获取高峰时段的出行成本，其研究表明居住在公共交通可达性较低的地区多为低收入人群。莫雷诺-蒙罗伊（Moreno-Monroy，2018）等收集学校和学生居住地的经纬度，将信息输入 Google 地图，选择不同出行方式进行线路规划，从而获取出行时间、费用、具体线路等信息（图 1–9），来确定学生上学的可达性。还有学者研究学生上学的可达性与碳排放量的关系，可达性的计算则是基于 Google 地图、必应（Bing）地图和开街道（OpenStreet）地图的多种开放地图 API 数据收集比较得出出行成本，最终将不同出行方式与出行的碳排放量进行相关性分析（Singleton et al., 2014）。陈逸群（音译，Chen，2017）基于开放地图 API，设计了城市可达性分析软件，该软件可以通过出行点的确定来创建等时线。

国内也有团队对基于开放地图 API 的公共交通高精度可达性做了大量工作。谢栋灿（2016）将研究区划分为 1 千米×1 千米的栅格，基于高德导航数据的获取，划定长三角的一日通勤圈。尤雨婷（2017）将长三角地区划分为 200 米×200 米的栅格，以南京新街口为起点，将其他栅格点的质心为终点向高德地图 API 发送导航请求，获得高铁出行方式的出行成本，最终进行空间赋值，得到可达性的空间特征。黄圣安等（2017）通过获取的居住区和医疗设施的兴趣吸引点（Point of Interest，POI），将居住小区设为起

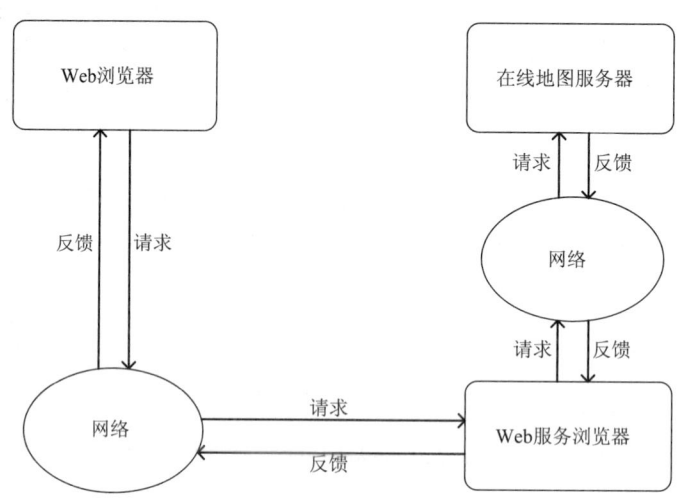

图1-9 基于开放地图API获取信息示意

点,依据规范中规定的服务范围半径搜索社区卫生服务中心并将其设为终点,最后则使用百度地图API获取从起点到终点的出行成本,从而得到不同出行方式的就医可达性。秦艺帆和石飞(2019)从实践出发,以数据爬取任务和规划应用案例为驱动,深入浅出地介绍爬取地图时空大数据的知识、技能与过程,首次实现了地图时空大数据的批量爬取和应用,并结合具体规划研究案例展示数据在城市规划中的具体应用,为研究者和从业人员节省了大量精力和时间。

基于地图开放API获取出行数据具有以下优点:首先,就交通基础设施的数字化而言,在线地图具有更新快、数据准的特点,相比于传统基于卫星图人工数字化或者遥感解译得到的数据精度更高;其次,在线地图的车速数据来自车载GPS,呈现了实际的出行速度,比根据不同等级给道路赋车速值来计算出行时间要更为准确,且可以比较不同时段、不同出行环境下的出行时间的变化;再次,基于在线地图的服务,可以爬取不同出行方式的出行成本,并且在公共交通出行成本测度中考虑了出行全过程。

八、公共交通可达性方法总结比较

通过以上对公共交通可达性七种方法的介绍,最终对各种方法的研究数据、研究精度、模型算法、优劣势和可达性数值实际意义进行比较(表2-1)。每种方法都有其适用范围,在具体运用时,需基于研究目的、精度要求等进行选择。

表 2-1 公共交通可达性方法总结

名称	概念	研究数据	研究精度	研究个体	模型算法	优势	劣势	值的意义
基于缓冲区的公共交通站点可达性	基于起始点到公交站点到达的容易程度	道路网数据、公共交通站点数据	步行出行范围	每一个公交站点	网络缓冲区	考虑了实际出行路网	未覆盖的范围默认为公交不可达	可达性指标值有量纲（时间或者距离）
					欧几里得缓冲区	操作简便	没有考虑实际出行状况	可达性指标值有量纲（时间或者距离）
基于供需模型的公共交通面状可达性	基于两点空间阻隔的负向影响和活动规模的正向影响，反应了机会点的相互作用潜力	道路网数据、公共交通站点和线网数据、就业岗位数据、人口数据、交通分析区	交通分析区	整个研究区范围	$A_i = \sum_j \dfrac{O_j}{D_j} f(C_{ij})$ $D_j = \sum_k P_k f(C_{kj})$	可以合理地反映就业供给和需求在空间上的差异性，体现了交通网络服务水平在时间和空间上的差异性	可达性指标值没有量纲、没有具体意义	可达性指标值没有量纲
基于网络分析法的公共交通网络可达性	基于图形理论研究区中网络结点的可达性，认为可达性是空间阻隔程度	道路网数据、公共交通站点和线网数据	将研究区划分为网格	整个研究区范围	$A_i = \sum_{j=1}^{n} C_{ij}$ 或 $A_i = \dfrac{1}{n}\sum_{j=1}^{n} C_{ij}$	充分体现了公共交通网的网络特征，可以用来比较不同城市的网络空间分布特征	没有考虑实际的出行需求	可达性指标值有量纲（时间或者距离）

续表

名称	概念	研究数据	研究精度	研究个体	模型算法	优势	劣势	值的意义
基于成本栅格法的公共交通可达性	基于某一点在一定时间内所能到达的工作地数量和工作机会数量	研究区内空间特征数据（山体、水体、绿地等）、道路网数据、公共交通站点和线网数据、就业岗位数据	将研究区划分为栅格	基于一点的可达性研究	$A_i = \int_0^T O(t)dt$	主要用于呈现点的可达性，计算出行成本和可获得的工作机会或服务水平	对原始数据的要求较高，计算过程复杂、难度大，且随着给定范围的不同，可达性范围会发生变化	可达性指标值有量纲，但只要出行时间足够长，就能到达范围内的所有点和机会
基于成本栅格与网络分析法的集成公共交通可达性	基于成本栅格面和公交网络计算出某一点在一定时间内所能到达的工作地数量和工作机会数量	研究区内空间特征数据（山体、水体、绿地等）、道路网数据、公共交通站点和线网数据、就业岗位数据	将研究区划分为栅格	基于一点的可达性	$A_i = \int_0^T O(t)dt$	基于公交网络进行网络分析，在大范围栅格进步行成本计算，可以比较完整地给出基于一点的可达范围	对原始数据的要求较高，计算过程复杂、难度大，且在大范围区域中操作性不强，可达性会随着给定范围的不同发生变化	可达性指标值有量纲
基于高性能图形数据库的公共交通可达性	基于建筑到建筑的公交出行全过程的可达性	道路网数据、公共交通站点线网数据、出行时刻表、建筑数据	建筑到建筑	整个研究区范围	$A_i = T_{步1} + T_{等1} + T_{运1} + (T_{步2} + T_{等2} + T_{运2} + \cdots + T_{N换}) + T_{步3}$	考虑了公交出行全过程	计算量庞大且对数据收集要求高	可达性指标值有量纲（时间或者距离）
基于开放地图API的公共交通高精度可达性	基于建筑到建筑的公交出行全过程的可达性	开放地图API获取编码、起终点经纬度坐标	建筑到建筑	整个研究区范围	$A_i = T_{步1} + T_{等1} + T_{运1} + (T_{步2} + T_{等2} + T_{运2} + \cdots + T_{N换}) + T_{步3}$	考虑了公交出行全过程，出行成本获取比较准确	要求对抓取的大量数据进行筛选和处理	可达性指标值有量纲（时间或者距离）

由于研究或使用目的不同，因此选择不同的可达性计算方法。判断可达性计算方法是否合适的标准是（Van，2016）：首先要有理论基础；其次是可以通过一定的技术手段实现的；再次是可以解释一些现象，具有一定的说服力；最后在社会和经济衡量标准下，具有一定的解释能力。

本书一共有六个章节，首先对公共交通可达性的概念与方法进展以及数据分析进行了梳理和归纳，进而展开了时间可达性、就业可达性、费用可达性、公交站点步行可达性四大部分内容的研究。

公共交通可达性的概念与方法进展部分主要对公共交通可达性的概念进行了梳理，并且厘清了时间可达性、就业可达性以及费用可达性和影响可达性各因素之间的关系，同时对公共交通可达性研究进行了回顾，归纳了七种公共交通可达性的研究方法，以期为中国未来公共交通可达性的研究方法提供指引和借鉴。数据分析部分介绍了路径规划数据和手机信令数据的基本情况、数据处理以及基础应用，为接下来的分析奠定了理论和技术基础。时间可达性部分主要介绍时间可达性的概念，基于平均可达性和基于出行量可达性的时间可达性分析方法，以及昆山时间可达性实证研究。就业可达性部分主要介绍就业可达性的概念，基于潜力模型和机会累积模型的就业可达性研究方法，以及昆山就业可达性的实证研究。费用可达性部分主要介绍费用可达性的概念、分析方法，以及南京市中心城区费用可达性的实证研究。公交站点步行可达性部分主要介绍公交站点步行可达性的概念、常用分析方法，以及基于微观路网的昆山市中心城区公交站点步行可达性实证研究。

第二章 数据基础

随着信息网络与交通技术发展,大数据成为最好的统计和呈现现状城市交通运营特征的数据来源,在公共交通可达性研究中应用大数据可以通过获取大批量和精准化数据有效提高研究的可靠程度。以下介绍在公交可达性研究中常用的大数据类型,主要包括路径规划 API 数据与手机信令数据。

第一节 路径规划 API 数据

一、数据简介

路径规划 API 数据是指通过互联网在线地图的路径规划 API 获得居住地(出发单元)与就业地(目的单元)之间的通勤距离、小汽车通勤时间、公交通勤时间、公交换乘次数、公交车时间等信息。通过互联网电子地图服务商如高德、百度等的导航服务功能能够获取点到点的实时出行时间、距离以及对应的最优出行路径。API 是一个预定义的函数,它允许应用程序开发人员构建并发送 URL 接收请求以访问基于软件或硬件的程序集,而不必访问源代码或了解程序内部机制的详细信息,主要以 JSON,XML 等格式返回数据。在数据返回后,通过解析得到研究需要的数据并按照所需存储为相应格式的数据。如高德地图 API 提供了步行、公交、驾车查询以及行驶距离计算接口,用于实现路径规划功能的开发。在不展示地图的场景下可以查询路线、行程时间、距离、费用、换乘次数以及步行时间等信息。

路径规划 API 数据相较于传统基于 GIS 平台的网络分析方法得到的时间、距离数据具有明显的精度与效率优势。一方面,互联网电子地图的数据包含道路拓扑关系、支路、小区道路等完善且精细的路网信息，无需耗费大量时间与精力建立路网信息数据库；另一方面，互联网电子地图对出行时间的测度来源于实时路况，即考虑了早高峰时段交通量、交通拥堵、单行与限制转弯信息等因素对通勤出行的影响。相较于传统研究中基于设计时速为道路赋通行时间成本的方法更加符合通勤的实际情况，因此数据也更为精确可靠，例如基于百度地图和高德地图获取的路径规划数据显著相关（苏世亮等，2017）。路径规划大数据成为获取 OD 间出行信息的主流数据源（龙瀛等，2019；刘淼等，2017；黄应淮等，2018）。

图 2–1　在线地图 API 出行规划特点

表 2–1　路径规划 API 类别与返回数据

重要数据	数据返回的 API 类别	单位	数据来源
出行路径	步行路径规划、驾车路径规划、公交路径规划、骑行路径规划、货车路径规划	坐标点集合	直接返回得到
出行时间	步行路径规划、驾车路径规划、公交路径规划、骑行路径规划、货车路径规划	秒	直接返回得到
出行距离	步行路径规划、驾车路径规划、公交路径规划、骑行路径规划、货车路径规划	米	直接返回得到
出行费用	驾车路径规划、公交路径规划、骑行路径规划、货车路径规划	元	直接返回得到
接驳时间	公交路径规划	秒	返回数据计算
接驳距离	公交路径规划	米	返回数据计算
换乘次数	公交路径规划	次	返回数据计算
换乘时间	公交路径规划	秒	返回数据计算
换乘距离	公交路径规划	米	返回数据计算
车内时间	公交路径规划	秒	返回数据计算
公交/火车名称	公交路径规划	字符串	直接返回得到

二、数据采集

本书以高德地图为例,简要介绍利用 Python 程序从互联网电子地图快速、批量采集精确可靠的出行数据的技术方法。通勤方案的获取思路如下:1.申请"Web 服务 API"密钥(key);2.拼接 HTTP 请求 URL;3.接受 HTTP 请求返回的数据(JSON),并解析数据;4.基于 ArcPy 生成出行路径数据 polyline 类型的 Shapefile。在明确采集思路的基础上,用 Python 编写程序进行数据批量采集,各步骤具体操作如下。

(一)密钥申请

首先,登录高德开放平台网站(https://lbs.amap.com),申请高德地图开发者账号。然后,进入用户控制台界面,点击"应用管理",再点击右上角"创建新的应用",设置应用名称,点击"创建"完成创建新的应用。最后,在新建的应用中点击"添加新 Key",输入自定义名称,服务平台选择"Web 服务",点击"提交"按钮,完成密钥申请。

(二)请求 URL

高德地图"路径规划 API"的在线文档(https://lbs.amap.com/api/webservice/guide/api/direction)有完整的接口介绍、请求参数说明、返回结果参数说明和服务示例说明。本书以南京市居住小区北京东路小区到商业中心德基广场的出行为例,介绍基于公交路径规划 API 采集出行数据的过程。

1. 步骤 1:分析公交路径规划 API 请求参数

首先在公交路径规划 API 功能运行示意的表单中,origin 参数栏填写北京东路小区的经纬度"118.803314,32.058059",destination 参数栏填写德基广场的经纬度"118.784855,32.044079",city 参数栏填写南京市的城市代码"320100",strategy 参数栏下拉选择"0"(最快捷模式),time 参数栏填写"08:00",其余参数为默认(图 2–2),其中北京东路小区、德基广场的经纬度信息可在高德地图坐标拾取页面(https://lbs.amap.com/console/show/picker)查询获取,城市的代码可以在高德地图 Web

服务 API 相关下载页面（https://lbs.amap.com/api/webservice/download）的城市编码表查询。点击"运行"按钮后便可以查看返回的结果。

参数	值	备注	必选
origin	118.803314,32.0580	lon，lat（经度，纬度），如 11750024440.417801 经纬度小数点不超过 6 位	是
destination	118.784855,32.0440	lon，lat（经度，纬度），如 117500244，40.417801 经纬度小数点不超过 6 位	是
city	320100	支持市内公交换乘/跨城公交的起点城市，规则：城市名称/citycode	是
cityd		跨城公交规划必填参数。规则：城市名称Vcitycode	否
strategy	0	0：最快捷模式；1：最经济模式；2：最少换乘模式；3：最少步行模式；5：不乘地铁模式	否
nightlag	0	是否计算夜班车，1：是；0：否	否
date	2018-12-31	根据出发日期筛选，格式：date=2014-3-19	否
time	08:00	根据出发时间筛选，格式：time=22：34	否

图 2–2　公交路径规划 API 功能示意

2. 步骤 2：解析公交路径规划 API 结构

图 2–2 所示的表单构造了一个获取北京东路小区—德基广场出行方案的请求 URL，即如果将"您的 key"替换为先前步骤申请的密钥，用浏览器打开替换后的 URL，我们便能够在浏览器看到 API 返回的"北京东路小区—德基广场"完整出行数据（图 2–3）。

如果将"118.803314,32.058059"替换为其他出行起点，将"118.784855,32.044079"替换为其他目的地，将"320100"替换为其他城市的城市代码，将"08:00"替换为其他的出行时间，构造出新的 URL，则可以在浏览器中查看在其他指定城市、指定起点终点与指定出发时间的出行数据。因此，采集公交出行数据的关键点是以出发点经纬度、目的地经纬度、出行城市和出发城市为参数变量构造的不同 URL。

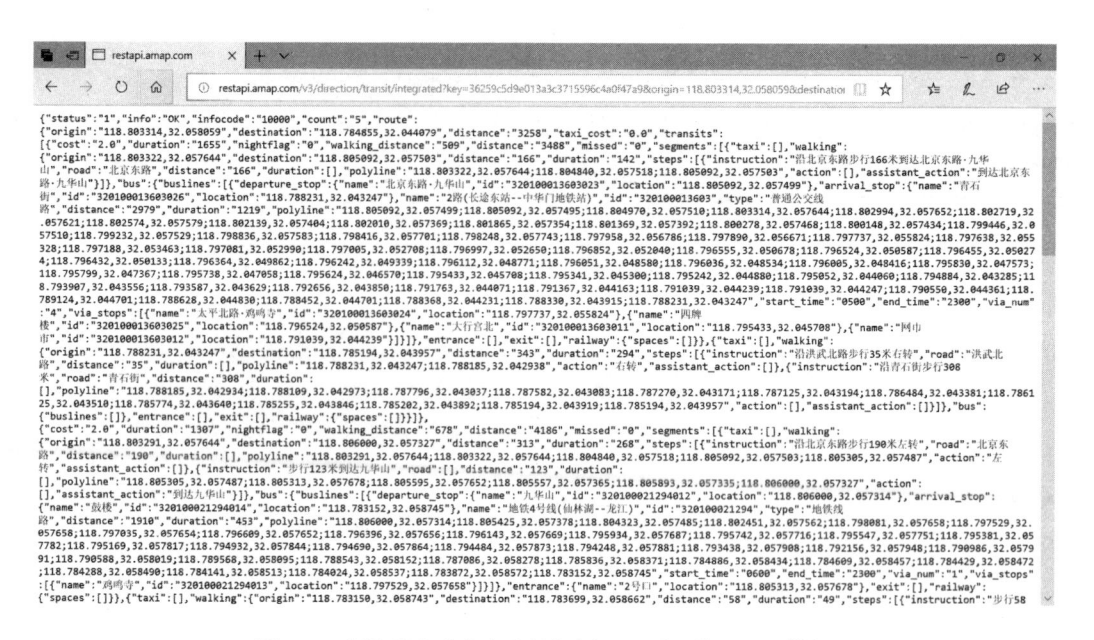

图 2-3　浏览器查看公交路径规划 API 返回的 JSON 数据

（三）返回数据

返回结果（JSON 格式）代表完整的通勤方案，主要包括：请求状态为成功（"status":"1"、"info":"OK"）、公交换乘方案数目为 5（"count":"5"）、行程花费为 2 元（"cost":"2.0"）、出行时间为 1 655 秒（"duration":"1655"）以及出行距离为 3 488 米（"distance":"3488"）。最优的出行方案分为两步，第一步为"步行+公交"，第二步为通过步行方式到达目的地点（德基广场）。

城市规划研究中常用到的数据，如出行路径、出行时间、出行距离、出行费用、接驳时间、接驳距离、换乘次数、公交换乘时间、公交换乘距离、公交车内时间等均能够从 API 返回的出行方案中直接得到或者经过简单的计算后得到。

（四）批量采集

在明确路径规划 API 的请求 URL 结构与重要数据的获取思路基础上，我们需要将前文中的数据采集思路用 Python 实现，进而基于编写的程序进行批量采集。

1. 步骤 1：数据准备

在数据采集之前，需要准备好需要爬取的起讫点坐标，将其保存为 CSV 格式文件。注意，CSV 文件的第一列是从 0 开始对各个兴趣点的编号，每个 POI 按照 ID、英文名称、中文名称、类型、经度和纬度的格式依次以分号分割为一条记录（图 2-4）。

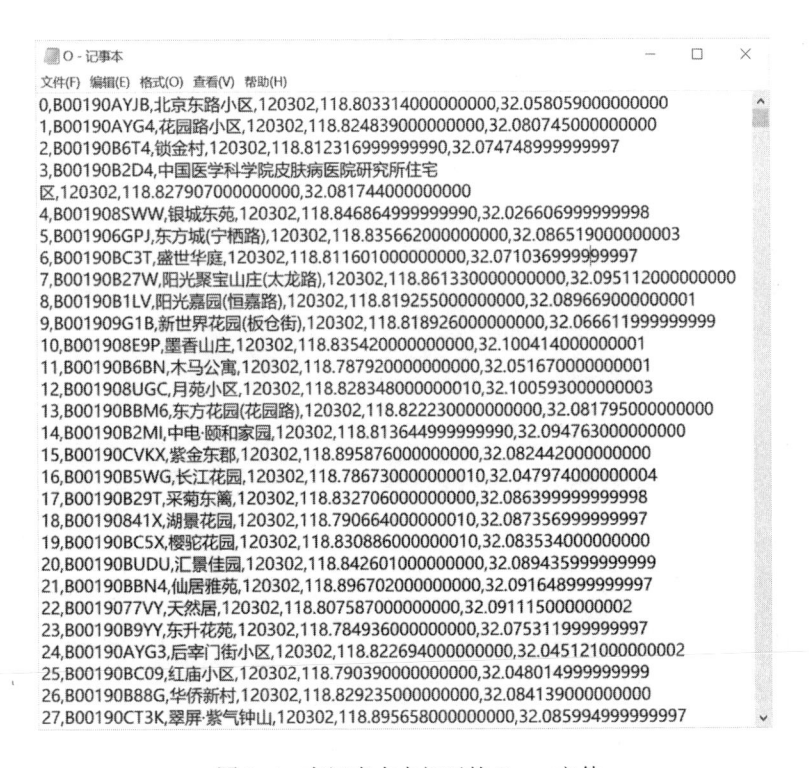

图 2-4　在记事本中打开的 O.csv 文件

2. 步骤 2：程序编写

依据构造请求 URL 思路与获取重要数据思路，编写相应的 Python 程序。

（1）定义 POI 类

POI 类表示一个点，其构造函数所需参数为 POI 的 ID（id）、经度（lon）、纬度（lat）、类型（type）和名称（name）。POI 类的定义存储在"basics.py"文件中。

（2）定义 LOI 类

LOI 类表示一条线（路径），其构造函数所需参数为路径的起点（origin，PointWithAttr

类型)、终点（destination，PointWithAttr 对象）、距离（distance）、通行时间（duration）和路径点经纬度组成的列表（coords）。LOI 类的定义存储在"basics.py"文件中。

（3）定义从文本文件中读取 POI 的函数

将起点信息和终点信息保存在了 CSV 中，因而需要定义函数 createpoint（filename，idindex，lonindex，latindex，nameindex，name1index），从 CSV 文件中读取 POI 信息并将每个 POI（CSV 文件的一条记录）生成为一个 PointWithAttr 对象。函数的参数 CSV 文件的存储路径（filename）、POI 的 ID 位于记录的列号数（idindex）、经度位于记录的列号数（lonindex）、纬度位于记录的列号数（latindex）、英文名称位于记录的列号数（nameindex）、中文名称位于记录的列号数（name1index）。最终，函数返回 PointWithAttr 对象组成的 POI 列表 points。

函数 createpoint（filename，idindex，lonindex，latindex，nameindex，name1index）由于多次用到，存储在在"basics.py"中。

（4）定义采集出行数据的函数

前文定义的类和函数具有从 CSV 文件中读取所有起点、终点信息的功能，接下来需要定义新函数以采集某个具体起点到某个具体终点的公交出行数据。该函数是程序的功能核心。

新函数 GetBusInformation（ak，opoint，dpoint，date，time，city，outputfile）的参数为密钥（ak）、起点 POI（opoint，PointWithAttr 对象）、终点 POI（dpoint，PointWithAttr 对象）、出发日期（date）、出发时间（time）以及采集数据写入（保存）的文件路径（outputfile）。

首先，函数依据参数 ak、opoint、dpoint、date 与 time 构造请求 URL（requesturl）。

接下来，程序通过 Python 的 urllib2 模块和 json 模块，打开请求 URL 并下载高德路径规划 API 返回的 json 数据。

然后，编写 Python 代码，基于返回的 json 数据，提取计算出行时间（duration）、出行距离（distance）、出行费用（cost）、全程步行距离（walking_distance）等变量的变量值。

最后，依次将上述变量的值写入文本文件 outputfile 作为一条记录，表示一次出行数据，变量值以逗号分割。

（5）定义采集出行路径的函数

出行路径数据是一系列坐标点组成的列表，因此需要单独定义函数采集。

新函数 GetTotalLine (ak，opoint，dpoint，date，time，city，filename) 的参数为密钥（ak）、起点 POI（opoint，PointWithAttr 对象）、终点 POI（dpoint，PointWithAttr 对象）、出发日期（date）、出发时间（time）以及出行路径写入（保存）的文件路径（filename）。

同样地，函数依据参数 ak、opoint、dpoint、date 与 time 构造请求 URL（requesturl）。

接下来，程序通过 Python 的 urllib2 模块和 json 模块，打开请求 URL 并下载高德路径规划 API 返回的 json 数据。

然后，编写 Python 代码，基于返回的 json 数据，将各出行步骤中步行路径、公交路径等通过 Python 的字符串运算符"+"相连接，得到最终的路径变量 route_locations，其中路径点的经度和纬度以逗号分隔，路径点之间以分号分隔。此外，提取出行时间、出行距离与出行花费三个数据并分别赋值给变量 duration、distance 和 cost。

最后，将出行起点 ID、起点名称、终点 ID、终点名称、终点经纬度、路径长度、路径通行时间、路径通行花费和 route_locations 依次写入文本文件 filename 中，变量分别以分号分割。

（6）定义生成出行路径 shapefile 的函数

前一步骤中采集的路径数据仅仅写入了文本文件中，无法在 ArcGIS 软件中查看空间图形和进行后续的空间分析，故我们还需新定义函数 GetPolyline (line_sourcefile，shp_output)，生成出行路径的 shapefile 文件。函数的参数为记录所有出行路径信息的文本文件路径 line_sourcefile 以及最终的 shapefile 文件 shp_output。该函数主要基于 ArcPy 拓展包实现。

首先，利用 CreateFeatureclass_management 工具函数创建空白 shapefile。shapefile 的坐标系设置为"WGS 1984"。

然后，利用 AddField_management 工具函数为新建的 shapefile 添加七个字段：origin_id、origin_name、dest_id、dest_name、duration_s、distance_m 和 cost_yuan，分别代表路径的起点 ID、终点 ID、路径长度、路径通行时间、路径通行花费。

再次，读取文本文件 line_sourcefile，每条记录生成一个 LineWithAttr 对象，存储在列表 linelist 中。

之后，遍历列表 linelist，每个 LineWithAttr 对象的路径坐标用 arcpy.Polyline（array）方法生成线几何对象。再基于 ArcPy 的数据访问模块（data access，da）依次为七个新建字段赋值，用 insertRow (row) 方法为 shapefile 添加一个新空间要素（路径线要素）。

最后，每条路径均转化为 shapefile 中的一个线要素。

3. 步骤 3：程序运行

首先，确定输出数据的保存文件夹（outputdirectory）、密钥（ak）、出行日期（date）、出行时间（time）、出行城市（city）、存储着出发点信息的 CSV 文件路径（ofile）以及存储着目的地信息的 CSV 文件路径（dfile）。

之后，分别以 ofile 和 dfile 为参数，调用函数 createpoint (filename, idindex, lonindex, latindex, nameindex, name1index)，得到起点 POI 列表 opointlist 和终点 POI 列表 dpointlist。

然后，通过双重循环语句，以 opointlist 的第 i 个起点和 dpointlist 的第 j 个终点为参数（$i=0,1,2,\cdots,4\ 669$；$j=0,1$），依次调用函数 GetBusInformation (ak, opoint, dpoint, date, time, city, outputfile)，得到出行数据。outputfile 以起点 id 和选定的关键字命名（如："bus_135.txt"）存储采集得到的起点 i 至所有终点的属性类型的出行数据，其中每个起点至每个终点的出行数据为一条记录。

最后，调用"basics.py"模块的 merge (outputdirectory, finalfile) 函数，将所有属性类型的出行数据合并到一个文本文件 final_data.txt。

若需要用到出行路径数据，则需要通过循环语句，以 opointlist 的第 i 个起点和 dpointlist 的第 j 个终点为参数（$i=0,1,2,\cdots,4669$；$j=0,1$），依次调用函数 GetTotalLine (ak, opoint, dpoint, date, time, city, filename) 得到每个居住区到商业中心的出行路径。filename 以起点 id 和关键字 line 命名（如："line_1.txt"），存储采集得到的起点 i 到所有终点的出行路径信息，每个起点到每个终点的信息存为一条记录；接下来，调用 merge (outputdirectory, finalfile) 函数，将所有路径文本文件汇总到一个文本文件 final_line.txt；

在生成 final_line.txt 文件后，若需要获得出行路径 shapefile，则以 final_line.txt 为参数，调用"chapter9_2.py"中的函数 GetPolyline (line_sourcefile, shp_output)，将文本空间信息转化为能够进行可视化和空间分析的 shapefile 文件"line.shp"。

4. 步骤 4：数据结果

最终采集到的出行属性数据和出行路径数据示例如下。在 Excel 中打开出行属性数据文件"final_data.txt"并为各列添加名称的结果如图 2-5 所示；在 ArcGIS 中打开路径文件"line.shp"后，显示出行路径如图 2-6 所示。

图 2-5　Excel 中打开的"final_data.txt"

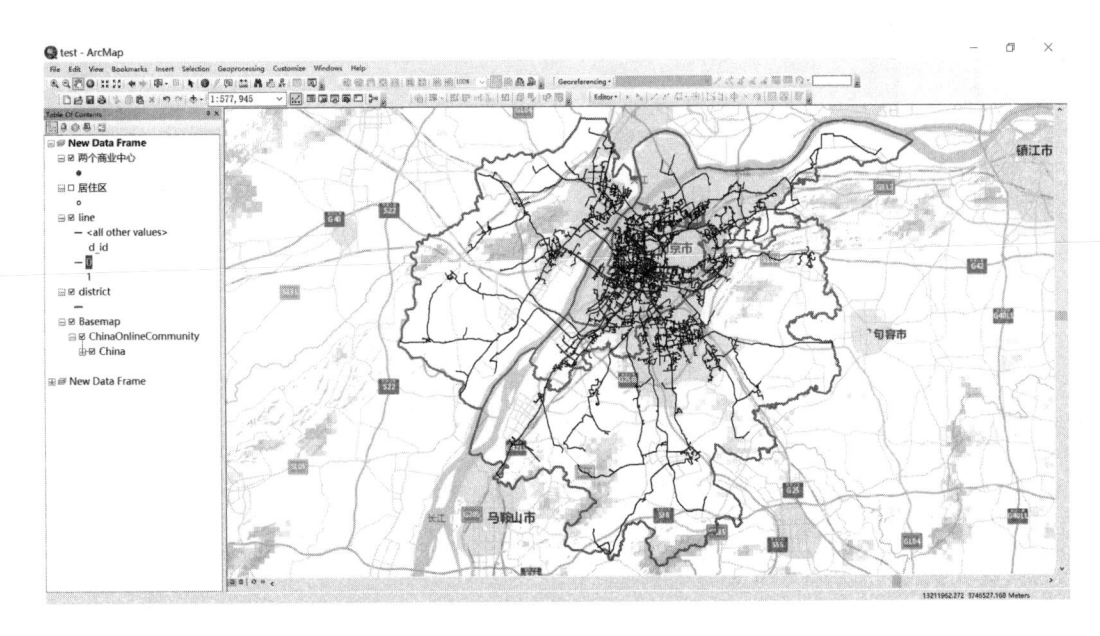

图 2-6　出行路径示例

第二节 手机信令数据

一、数据简介

手机目前已成为居民生活中影响面积最大、拥有数量最多、使用年龄最广、出行携带最方便的移动计算应用的通信工具。信令是在无线通信系统中用来保证正常通信所需的一种控制信号,储存了详细的用户信息,包含了呼叫过程、位置更新、位置切换、短信传送等过程。手机信令数据通常包含出行者识别号(MSISDN),信令类型如发短信、主被叫、上网等不同行为(PROCEDURETYPE),以及信令对应基站的位置编号(JZID)、发生时间(BEGIN_TIME、END_TIME)、数据日期(DAY_NUMBER)等信息,反映出行者连续出行轨迹,有覆盖范围广、近乎全样、精细程度高等优点。原始移动通信记录的数据主要包括以下字段(如表2–2所示)。

表2–2 MR数据表字段属性

序号	字段	类型	说明
1	City	string	城市id
2	Interface	string	接口
3	Imsi	string	IMSI
4	Imei	string	IMEI
5	Msisdn	string	MSISDN
6	Starttime	string	MRO时间
7	Cellid	string	小区ECI
8	Longitude	string	定位出的经度
9	Latitude	string	定位出的纬度
10	Gridid	string	栅格ID
11	Districtid	string	区县ID
12	Height	string	高度
13	LteScTadv	string	服务小区TA
14	NcSice	string	邻区个数
15	LteNc1Tac	string	邻小区Tac
16	LteNc1Cellid	string	邻小区cellid

二、数据预处理

高频率的定位数据一方面使出行信息挖掘更为精准,但同时导致重复冗余数据的增多,同时在数据采集过程中,由于数据传输、系统的不稳定性以及采集机制等多种原因,会采集到大量无效、不完整及错误的数据,对后续的分析造成一定干扰,因此,应对海量原始信令数据进行去噪处理,以提高数据质量。

需要进行过滤的数据主要包括重复数据、乒乓数据、漂移数据以及僵尸数据等噪点数据。重复数据是指时间戳、位置信息、ID 等属性完全一致的记录,对于给定用户,在其出行序列中会产生重复记录,需在数据清洗中,首先将其去除。此外,当用户处在两个或者多个基站小区的交汇处时,理论上其连接的蜂窝基站都是相同的,但实际信号处在多个基站服务范围内,即使用户未发生移动,信号也有可能因在不同基站之间切换而产生记录,这种现象称为乒乓切换(陈略等,2021)(图 2–7)。对于用户,在任意相邻的若干个相邻时间戳的轨迹点序列中,通勤速度大于等于 80 千米/小时,则认为发生了乒乓切换。对于数据中存在的乒乓切换数据,删去中间位置点,仅保存第一点与最后一点。漂移数据指当用户移动过程中,手机信号会突然从邻近的基站切换到相对较远的基站,并在一段时间后切回到附近基站。对于给定用户,如果在其相邻时间戳的三个连续位置点,第二点与第一点、第三点的位置都大于给定阈值(核心区取值 500 米,周边取值 800 米,边缘区取值 1 500 米),且第一点与第三点的距离小于两倍的阈值,那么中间点认为是漂移数据,如图 2–8,用户位置数据应该是 A→B→D→E,但实际记录的轨迹

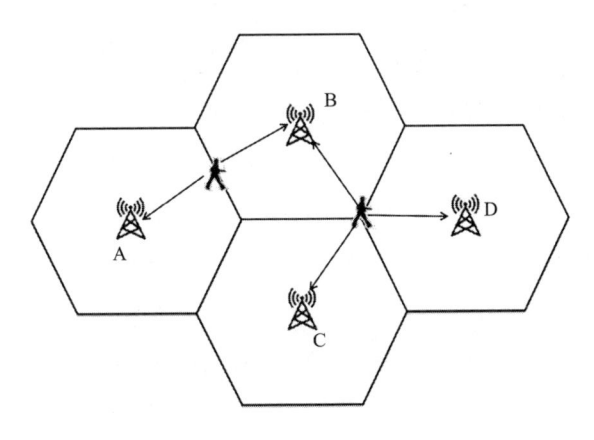

图 2–7 乒乓切换示意

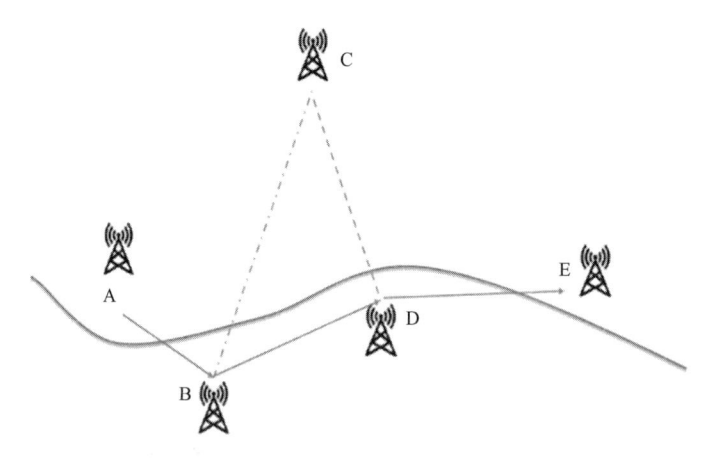

图 2-8 数据漂移示意

点为 A→B→C→D→E。位置点 C 为漂移数据，予以剔除。僵尸数据是指一个手机用户，一天之内的位置都没有移动。这类数据不能反映出行特征，称为僵尸数据，直接剔除。最后得到的包含时间戳、基站编号、基站经纬度、信令事件等字段的手机信令数据。

三、基础应用

（一）出行 OD 判定

手机信令数据记录一个匿名 ID 与其所在基站发生交互的一系列信息。当用户处在与自己最近基站的服务范围内时，手机信号会与基站发生交互，此时基站记录下交互的时间、基站位置。当用户移动到另一个基站的服务范围内时，手机就会断开与前一个基站的联系，转而与当前最近的基站发生交互，因此手机信令数据记录的信息为一系列交互发生时间、基站位置数据。当记录的基站信息发生改变时就视为用户发生移动（肖志权等，2019），但是用户移动并不代表用户的一次有效出行。如果将一次交互基站的切换视为一次出行，那么就会导致将用户的真实出行当做一系列破碎的短途出行。

具体判别用户的运动状态，可借鉴默克贝·格塔乔·德米西（2018）等人的方法，对手机数据进行以下处理来识别用户的每一次出行。首先将用户 X 一天之中的手机数据按照时间序列进行排序 $U_x=(u_x(1)，u_x(2)，\cdots，u_x(N))$，然后按照基站编号对时间数据进行分组，与相同基站发生交互的连续时间序列分为同一组，$u_x(K)=（t_x(k)，l_x(k)）$，$t_x(k)$ 与 $l_x(k)$ 分别表示用户 X 的第 K 组发生交互的时间与基站位置。对于第 k 组数据，记录第一次与该组基站交互的时间为 FTk，最后一次交互时间为 LTk，那么在该处停留的时间 $Duration k=LTk-FTk$。如果 $Duration k<30min$，那么最终判定该基站为路过，反之该点为停留点。最后将所有用户经过上述方法处理后的出行数据进行汇总，可以得到基于手机信令数据的出行统计数据。

表 2–3　出行 OD 与人次描述统计表

字段信息	描述
ID	匿名用户号码信息
First_Time	开始时间，表示第一次连接到该基站的时间
Start_Base	开始基站
Start_LNG	开始基站经度
Start_LAT	开始基站纬度
Last_Time	结束时间，即最后一次连接到该基站的时间
End_Base	结束基站
End_LNG	结束基站经度
End_LAT	结束基站纬度
Duration	停留时长，等于结束时间与开始时间之差
Trip_Count	记录每一条出行 OD 的出行人次数据

（二）职住地判别

1. 居住地判别

根据居民的作息特点，1:00 到 5:00 期间绝大多数居民处于睡眠状态，由此推出 1:00～5:00 手机信令不活跃并且每位居民的手机信令所在基站相对固定，可用于判断居住地。存在如下两种情形：

（1）由于城市核心区基站的密度较小，一个居住区周围可能存在 2 个及以上基站，在此时间段内手机选择的基站可能有所不同，即跳站。故将这一时段内在某个基站逗留时长超过 2 小时的判定为在此居住。可按照图所示的流程判断每位居民的居住地，进而汇总统计每个研究单元的居住人口数量（图 2–9）。

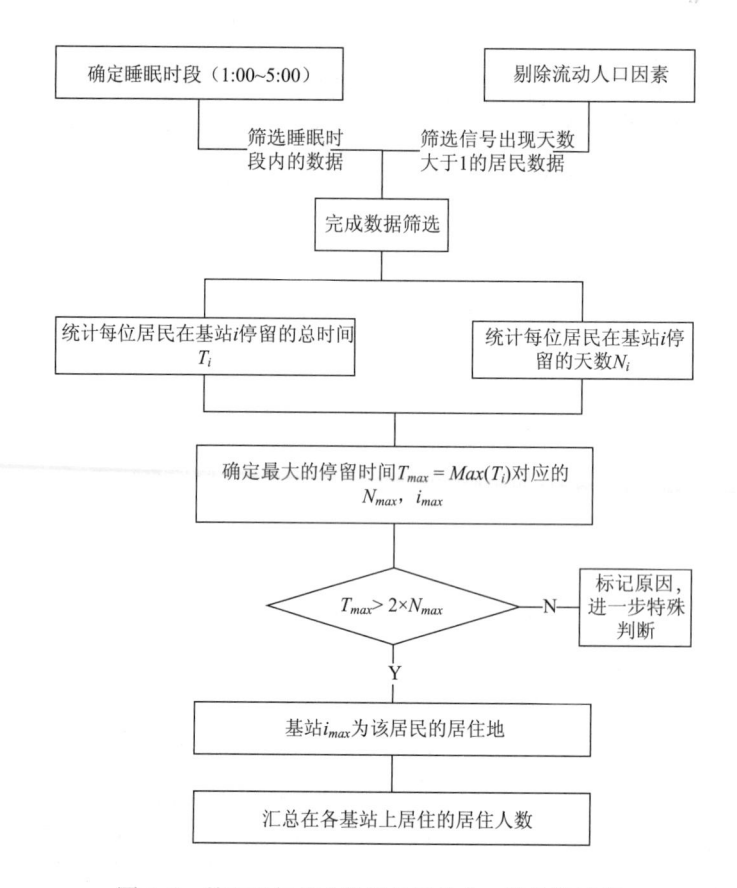

图 2-9 基于手机信令数据的居住人口数统计流程

（2）对于部分睡眠期间选择关机的居民，若其关机的地点与开机地点一致，则认为该居民居住在该地点。其中，关机地点和开机地点是否一致的判别标准一般如下：前一日最后一条信令数据所在基站和第二天清晨开机第一条信令数据所在基站二者距离若小于 500 米，则认为关机开机地点一致，居民的居住地为前一日关机所在基站。

2. 就业地的判别

假设就业者的工作地点固定，并选取工作日 9:00~11:30 以及 14:00~16:30 为工作时段，将工作时间段内停留最久且日均停留时间大于 2 小时的基站作为就业者的工作地点，进而汇总统计每个研究单元的就业岗位数量。具体流程如图 2-10 所示。

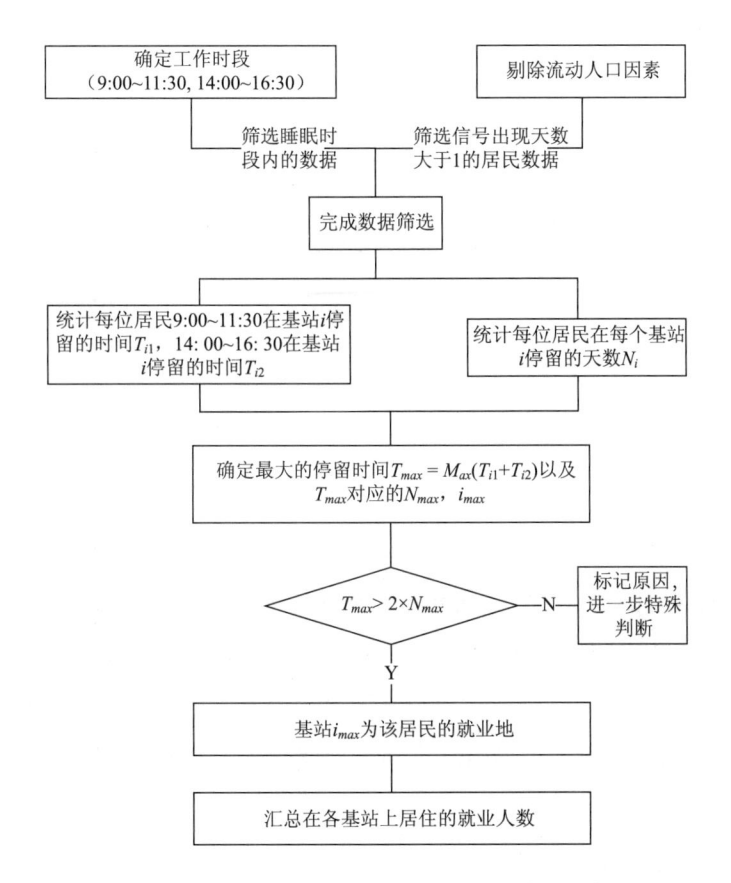

图 2-10 基于手机信令数据的就业岗位数统计流程

第三章　时间可达性

第一节　概　念

不同学科的学者由于研究视角的不同，对可达性的概念有着不同的理解。城市交通规划学者更多关注的是城市各区域、节点之间的联通，因此多从起终点之间联系的便宜程度来对可达性的概念进行解读延伸，认为可达性就是克服空间阻隔的难易程度。如果出发点到其他目的地的空间阻隔小，那么可达性就好，反之可达性差（Bhat et al., 2000；Mackiewicz et al., 1996；Allen et al., 1993）。在人文地理中，更多学者关注地理空间的相互作用与接触机会，因此多从空间的角度对可达性的概念进行解析。

本书中研究的时间可达性更多地侧重空间之间的联系及相互作用，即以出行时耗衡量空间中不同点之间联系的难易程度。根据空间阻隔的可达性理论，两点之间的出行时耗可以衡量起始点之间的相对可达性，而空间一点到其他所有点的出行时耗则为平均可达性。

第二节　方　法

本书中对于时间可达性的分析方法主要有以下两种，平均可达性分析与融合出行OD的可达性分析。

一、平均可达性分析

如图 3-1 所示,假设空间中有一个出发点 1,从出发点出发共有五个目的地,分别是 1、2、3、4、5。出发点与每一个目的地之间的相对可达性即为对映的每一条出行 OD 的出行时耗,分别为 T_{11}、T_{12}、T_{13}、T_{14}、T_{15}。那么对于出发点 1,其平均可达性为:

$$A_1 = \frac{T_{11} + T_{12} + T_{13} + T_{14} + T_{15}}{5} \qquad 式3-1$$

推广到更一般的情况,假设空间中有任意一点出发点 i,从出发点出发共有 j 个目的地,分别为 1,2,…,j,每条出行 OD 对映的出行时耗分别为 T_{i1},T_{i2},…,T_{ij} 那么对于出发点 i,其平均可达性可表示为:

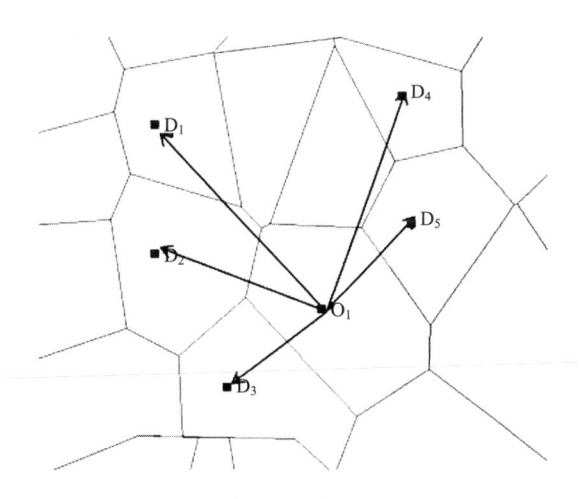

图 3-1 平均可达性模型构建示意

$$A_i = \frac{1}{n} \sum_{j=1}^{n} T_{ij} \qquad 式3-2$$

平均可达性的计算不考虑其他因素,单纯从出行时耗与目的地数量的角度衡量空间中任意一点到其他地点的平均可达性,其意义更像是机动性。计算结果可以反映居住在该点附近的城市居民实现必需的和可选的交通出行的能力,更多是从交通基础设施本身运营的角度来评价该点与外界联系的交通能力。在一定程度上,它可以反映交通的可达性水平,但可达性与土地利用功能、职住分布、出行人口等紧密相关,因此利用平均可达性进行可达性评价会存在一定误差。

二、融合出行 OD 的可达性分析

融合出行 OD 的可达性分析为平均可达性的优化提供了方向。相关学者运用人口与岗位的分布数据、土地利用数据等进行加权优化。手机信令数据统计了每条出行 OD 的真实交通出行量，为平均可达性的优化提供了更加准确的数据支持。基于巴蒂（Batty, 2010）计算的出行阻抗的思想，如图 3–2 所示，假设空间中有一个出发点 1，从出发点出发共有五个目的地，分别是 1、2、3、4、5，出发点与每一个目的地之间的相对可达性即为对映的每一条出行 OD 的出行时耗，分别为 T_{11}、T_{12}、T_{13}、T_{14}、T_{15}。每一条出行 OD 对应的出行量为 P_{11}，P_{12}，P_{13}，P_{14}，P_{15}，那么对于出发点 1，融合出行 OD 的可达性为：

$$W_1 = \frac{P_{11} \times T_{11} + P_{12} \times T_{12} + P_{13} \times T_{13} + P_{14} \times T_{14} + P_{15} \times T_{15}}{P_{11} + P_{12} + P_{13} + P_{14} + P_{15}} \qquad \text{式 3–3}$$

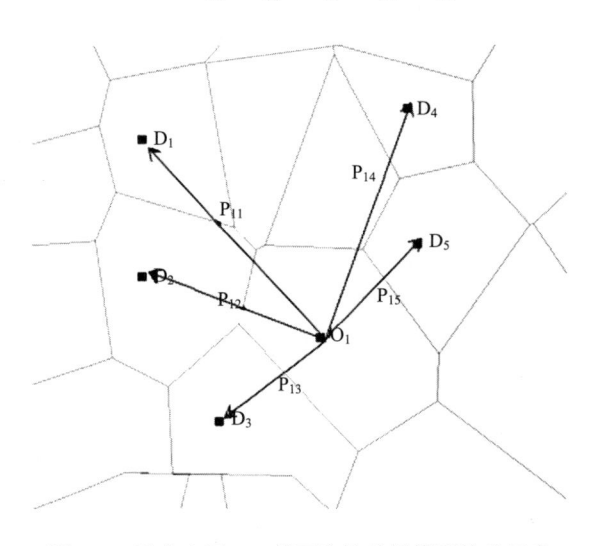

图 3–2 融合出行 OD 的可达性分析模型构建示意

推广到更一般的情况，假设空间中有任意出发点 i，从出发点出发共有 j 个目的地，分别为 1，2，…，j，每条出行 OD 对映的出行时耗分别为 T_{i1}，T_{i2}，…，T_{ij}，每一条出行 OD 对应的出行量为 P_{i1}，P_{i2}，…，P_{ij}，那么对于出发点 i，其融合出行 OD 的平均可达性可表示为：

$$W_i = \frac{\sum_{j=1}^{n}(P_{ij} \times T_{ij})}{\sum_{j=1}^{n} P_{ij}} \qquad 式3-4$$

第三节 实 证

以下以昆山市为研究对象，以时间可达性评价为主要目标，进行模型构建，通过量化的指标对昆山市交通时间可达性进行评价。

一、研究范围与数据

（一）区域概况

昆山市是中国中小城市综合实力百强市之首，地处江苏省东南部。是江苏省辖县级市，由苏州市代管，地理位置为120°48'21"E～121°09'04"E、31°06'34"N～31°32'36"N。东西最大直线距离33千米，南北48千米，总面积931平方千米，其中超过24%的面积是水面。根据昆山市新版总规，市域划分为中心城区、西部阳澄湖旅游度假区、南部水乡古镇旅游度假区三大片区。中心城区按照培育核心、分区均衡发展，形成"一核两翼三区"的空间布局。其中"一核"是以中心功能集聚区、城市产业集中区、生态宜居示范区、特色魅力展示区组成的城市核心区，承担行政中心、文化中心、商业中心职能。"两翼"为东西两副城：东部新城为对外开放先行区、先进制造业核心区、综合功能新城区，主要承担经济中心、金融中心等职能；西部副城则为苏南自主创新示范区核心区、高新既能产业集聚区、绿色生态新城区，主要承担科技研发、高等教育、文体行政等职能。"三区"为花桥商务城和北、南综合性新城。其中花桥商务城是以总部经济、服务外包和商贸会展等现代服务业为主导的特色新城。

由于昆山市的就业通勤主要集中在中心城区，因此研究范围选取昆山市中心城区，由苏昆太高速公路—苏州东绕城高速公路—娄江—昆山西部市界—机场路—千灯浦—吴淞江—昆山东部市界共同围合的范围，总面积470.23平方千米（图3-3）。

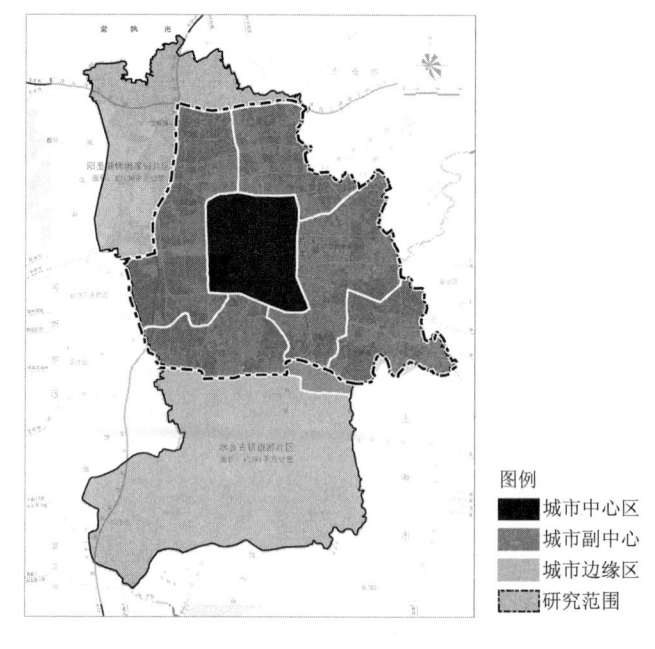

图 3–3　昆山市区位

（二）范围划定

将范围界定在中心城区以内，按照一核两翼三区的空间结构分为六大片区。片区内部以控规单元为基础划分交通大区，然后按照昆山市中心城区内基站分布划分泰森多边形，以基站单元作为最小的研究单元（图 3–4）。根据以上划分方法，最终将研究区域划分为 6 大片区，56 个交通大区，2 549 个基站单元，除去没有出行数据的基站，最后确定 2 379 个基站单元（表 3–1）。

表 3–1　研究区域划分统计表

城市分区	交通大区数	基站单元数
东部副城	12	441
西部副城	9	365
南部新城	6	249
北部新城	7	216
城市核心区	15	878
花桥商务城	7	230
总计	56	2 379

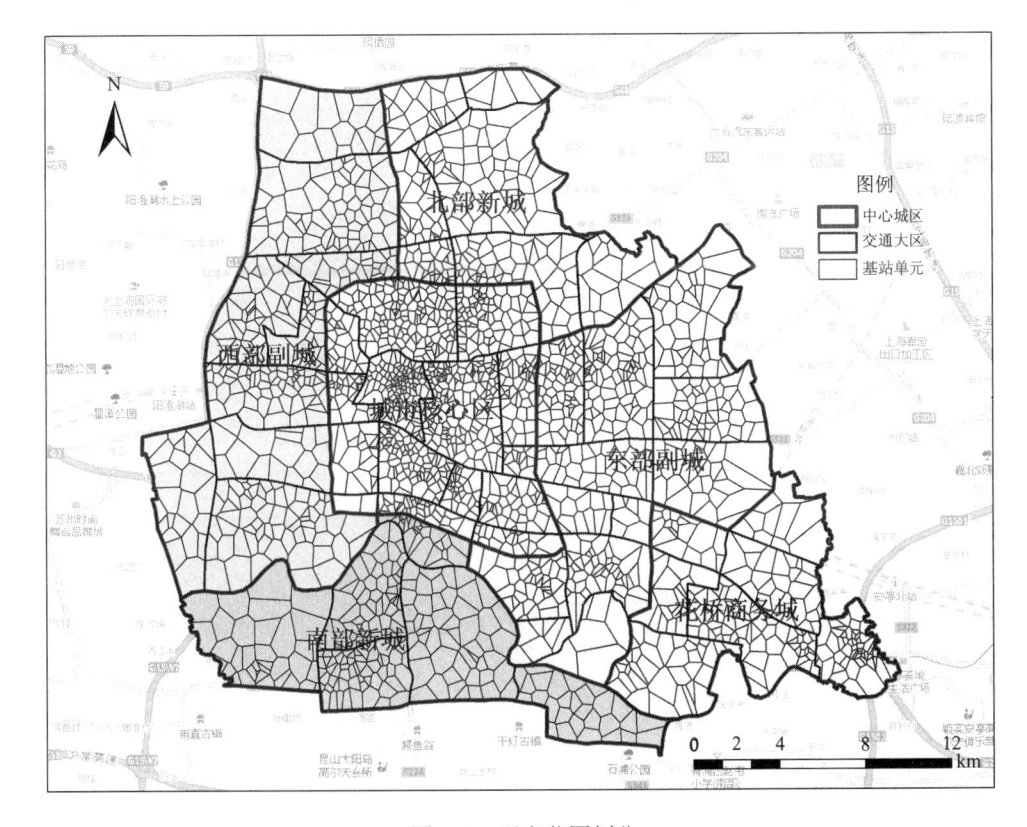

图 3–4　研究范围划分

（三）信令数据及处理

本研究手机数据来自中国移动通信公司，数据记录了 2018 年 6 月昆山市所有的移动通信用户的呼叫、转移等数据。

最终选取为 2018 年 6 月中所有工作日早高峰 7～9 点的手机数据。在经过数据收集处理后共得到 303 090 条有效出行 OD 对样本数据。每一条出行 OD 样本包括完整的出发点与目的地以及对应的出行人次，其中总出行人次共 581 366 次。

（四）路径规划数据

研究中并未采用手机测量报告（Measurement Report，MR）数据确定的轨迹点，仅仅采用轨迹点确定的出发点与目的地的位置，出发点与目的地之间的出行轨迹采用动态地图导航的方法。根据手机信令数据的处理结果，以每条出行样本的出发基站与结束基站作为 OD 点，爬取每一条 OD 的公共交通与小汽车交通的早高峰出行时耗。因为手机数据统计的是早高峰 7~9 点之间的出行数据。高德地图数据是返回的实时路况数据，因此为了更接近数据的真实性与匹配度，在工作日早上 7~9 点之间爬取。此方法获取的出行时间较为准确，一方面出行路径是地图导航推荐的真实路径，另一方面是在路径选择时系统已经考虑了步行时间、等车时间、换乘影响以及堵车等因素，因此最后获得的出行时间相当于已经将各种因素的影响转化为时间成本。

经过与手机信令数据的匹配最终得到数据包含表 3-2 所示内容。

表 3-2 高德地图 API 返回并处理后数据

字段信息	描述
O	出发基站编号
O_LNG	开始基站经度
O_LAT	开始基站纬度
D	到达基站编号
D_LNG	结束基站经度
D_LAT	结束基站纬度
Bustime	公共交通出行方式下的出行时耗
Cartime	小汽车出行方式下的出行时耗
Distance	OD 之间的路网距离
Trip_Count	每一条出行 OD 的出行人次数据

二、平均可达性分析

运用前文中平均可达性分析方法，对昆山市交通可达性分布进行研究。

从平均可达性统计直方图来看（图 3-5、图 3-6），公共交通与小汽车交通可达性大体呈现正态分布。公共交通平均可达性的均值为 0.86 小时。从累计百分率曲线可以看到，公交可达性值在 0.7~1.1，区间累计频率陡峭上升，因此大多数基站单元公交可达性集中在 0.7~1.1 小时，共计 2 099 个，占整体的 88% 左右；小汽车平均可达性均值为 0.28 小时，可达性累计频率曲线在 0.2~0.4 之间上升陡峭，因此大部分可达性集中在 0.2~0.4 小时，共计 2 223 个，占比 93.4%。

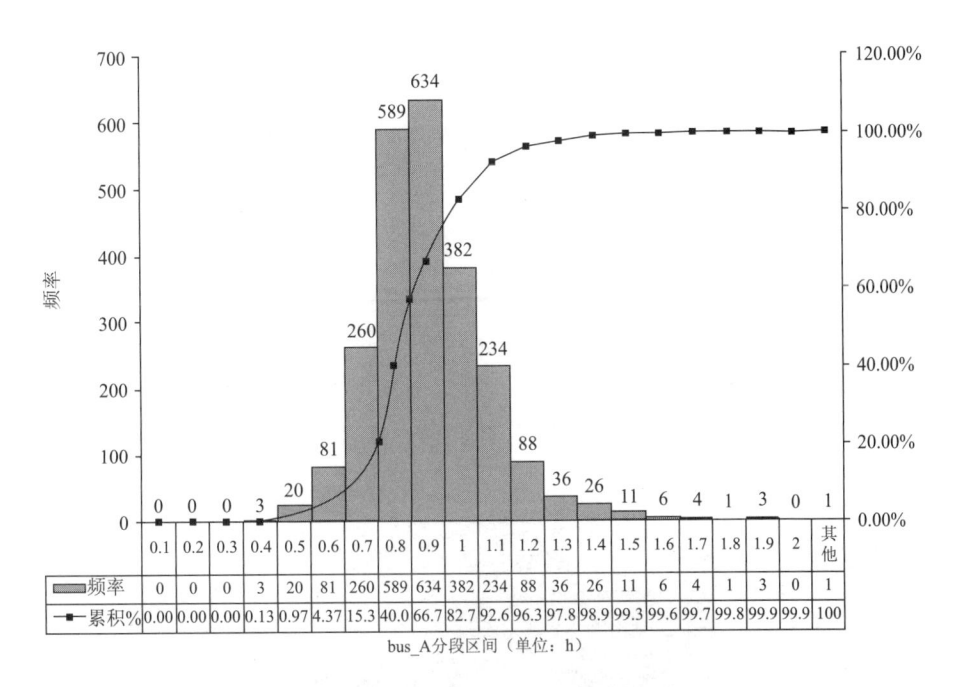

bus_A分段区间（单位：h）	0.1	0.2	0.3	0.4	0.5	0.6	0.7	0.8	0.9	1	1.1	1.2	1.3	1.4	1.5	1.6	1.7	1.8	1.9	2	其他
频率	0	0	0	3	20	81	260	589	634	382	234	88	36	26	11	6	4	1	3	0	1
累积%	0.00	0.00	0.00	0.13	0.97	4.37	15.3	40.0	66.7	82.7	92.6	96.3	97.8	98.9	99.3	99.6	99.7	99.8	99.9	99.9	100

图 3-5　公交平均可达性分布直方图

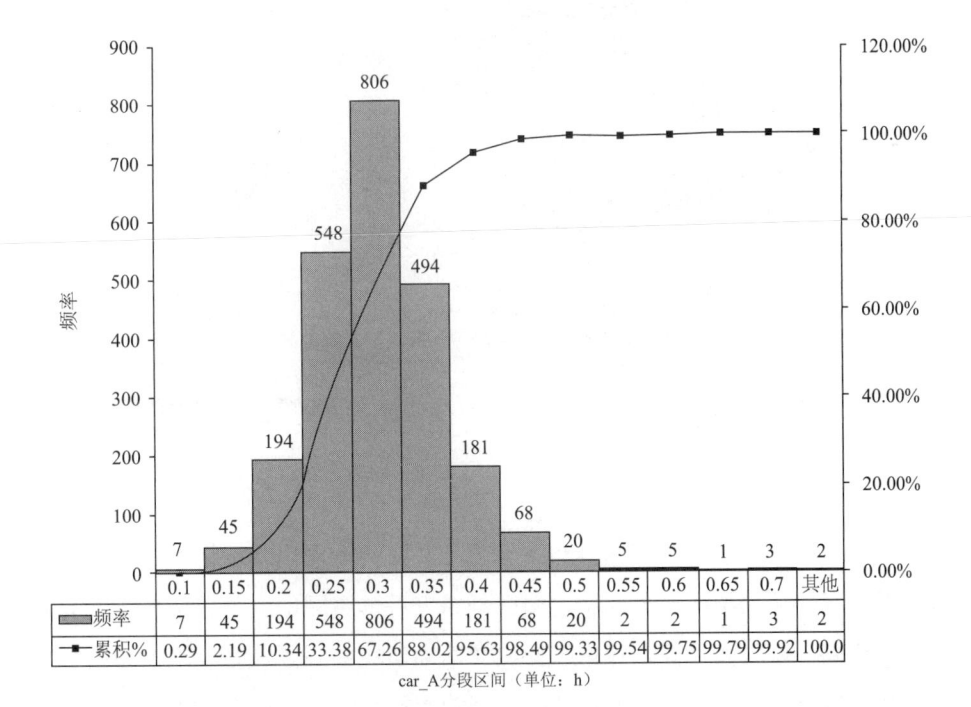

car_A分段区间（单位：h）	0.1	0.15	0.2	0.25	0.3	0.35	0.4	0.45	0.5	0.55	0.6	0.65	0.7	其他
频率	7	45	194	548	806	494	181	68	20	2	2	1	3	2
累积%	0.29	2.19	10.34	33.38	67.26	88.02	95.63	98.49	99.33	99.54	99.75	99.79	99.92	100.0

图 3-6　小汽车平均可达性分布直方图

从平均可达性空间分布来看（图 3-7、图 3-8），公共交通基站单元可达性水平在空间上呈现出从城市核心区向外围逐渐降低的分布态势，到花桥商务城附近又逐渐升高。从集中建设区公交网络的空间分布来看，可达性与公交网络的空间分布密度呈现正相关，越靠近城市核心区，公交线网越密，公交出行方便，公交可达性越高。花桥商务城与南部新城的中心地区公交线网相对较密，因此相应的公交可达性较高；花桥靠近上海的边缘地区（花桥站附近）有轨道交通，因此公共交通可达性水平也较高。而对于其他边缘地区，一方面由于公交线网稀疏，另一方面由于出行距离长、时间长，因此公交可达性水平相较于城市核心区及其附近等公交线网较密的地区呈现出较低态势。

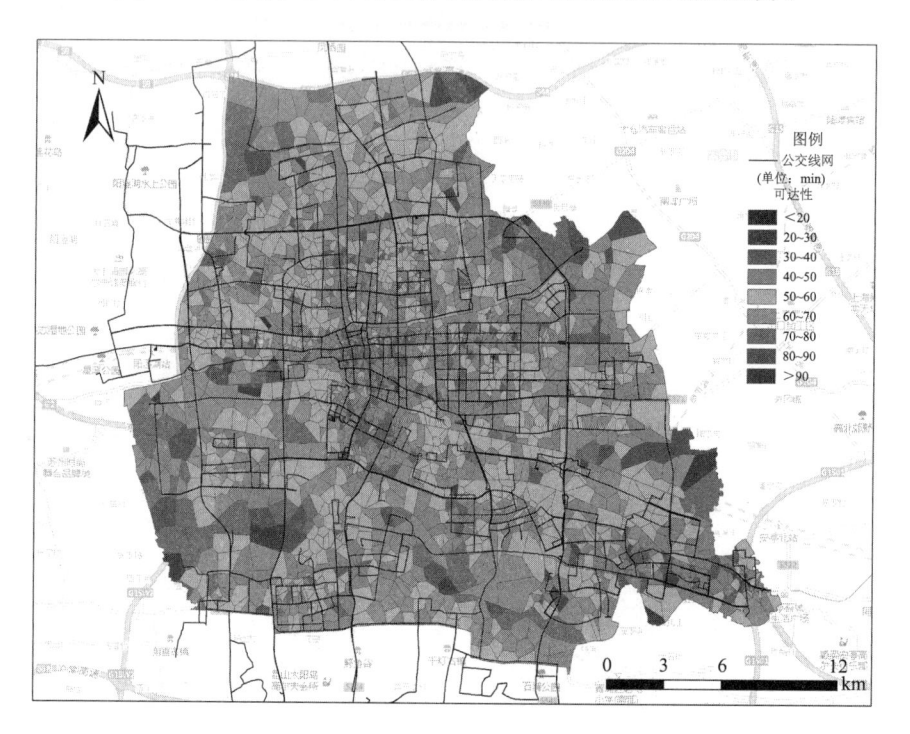

图 3-7 公交平均可达性空间分布

小汽车可达性水平在空间上的分布态势与公共交通呈现出相反情况，从城市核心区向外围逐渐升高。从集中建设区路网的空间分布来看，路网密度与可达性之间的关系有两种，分别是高—低与高—高。城市核心区及南部新城中心区（张浦镇）路网密度高，可达性水平较低；花桥商务城及北部新城的路网密相对高，可达性水平也较高。造成这两种的原因主要有以下几点：首先，路网密度高，相应的路网连通性高，道路通达性好，可达性高，如花桥与北部新城，路网密度相对较高，且处在边缘地区，因此小汽车出行

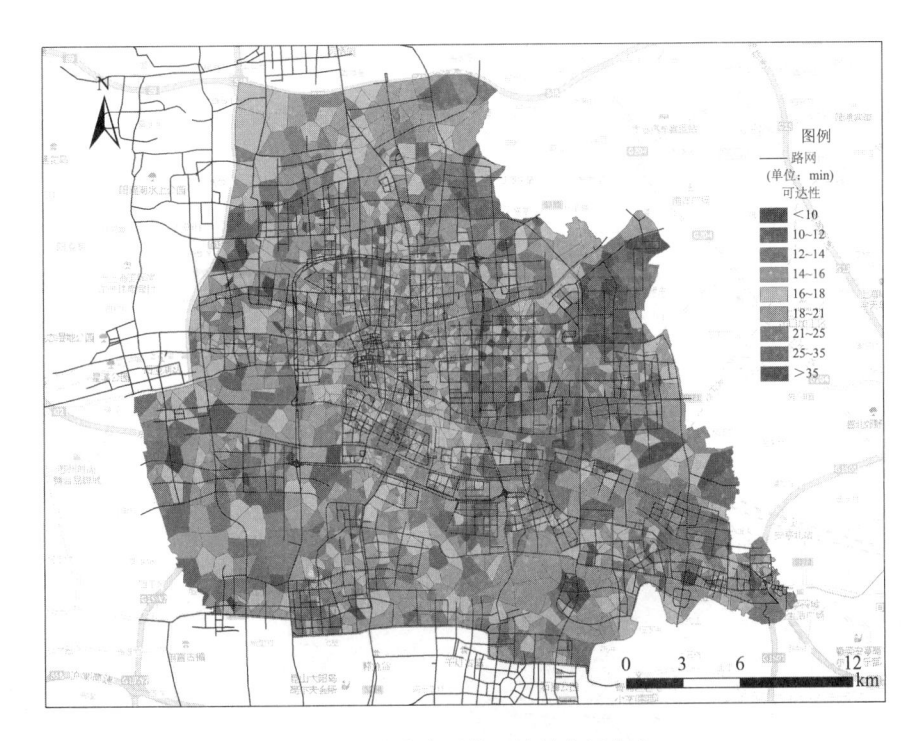

图 3-8　小汽车平均可达性空间分布

阻碍较小，速度也相对较高，出行时耗降低，因此可达性较好；而对于城市核心区来讲，位于老城区，路网密度虽然较高，但是老城区道路交叉口众多，交通管制也比较严，高峰小时的车辆较多，由此引发的交通拥堵，增加了出行的时间花费，因此可达性相对较低。

三、融合出行 OD 的可达性分析

平均可达性从一定程度上可以评价交通基础设施布局运营的效率或交通选择的便利程度，公共交通平均可达性反映居民选择公交出行的便利程度，以此衡量公共交通基础设施布局及运营的效率，小汽车平均可达性反映道路资源的布局效率。融合出行 OD 的可达性分析不仅可以衡量交通基础设施的布局及运用效率，还蕴含着城市交通出行的社会成本花费的意义。本节中的出行人次为早高峰出行，因此融合出行 OD 的可达性可以衡量昆山市集中建成区早高峰期间所花费的时间总成本在所有出行人口中的平均分配问题。所有基站单元的可达性之和即为早高峰期间，研究区域内的城市交通出行的时间成本花费。

从融合出行 OD 的可达性统计数据来看，公共交通可达性均值为 0.80 小时。所有基站单元早高峰公共交通出行的总时间成本为 1 891.28 小时，从统计直方图来看（图 3-9、图 3-10），大部分基站单元的公共交通可达性值集中在 0.6～1.1 之间，区间内累积率曲线上升最快，共计 2 223 个，占比 93.4%；小汽车可达性均值为 0.24 小时，时间总成本为 591.09 小时，大部分基站单元集中在 0.2～0.35 小时之间，占比 87.3%。

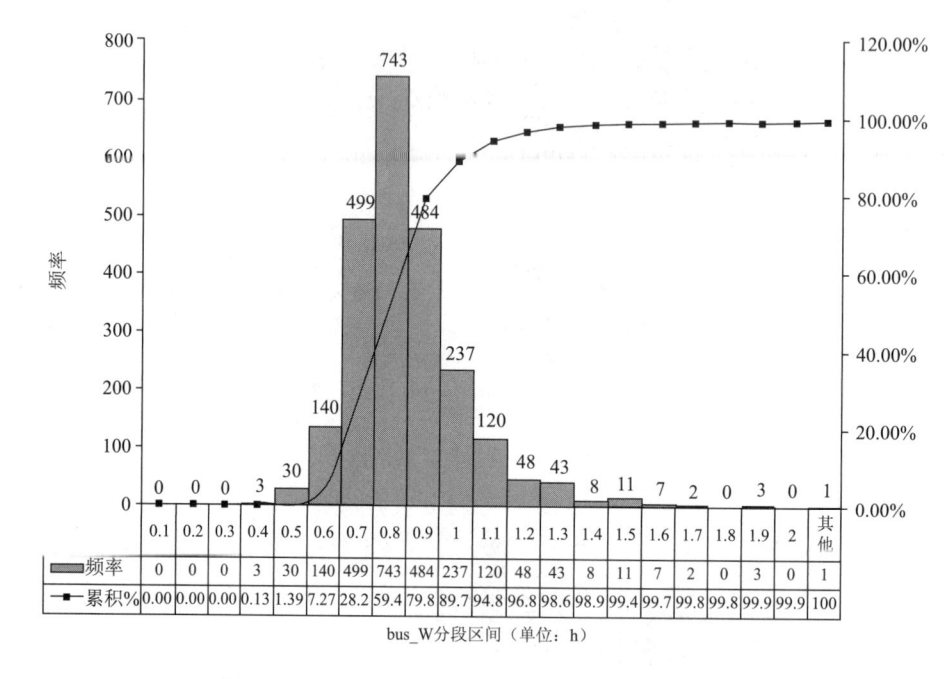

bus_W 分段区间（单位：h）	0.1	0.2	0.3	0.4	0.5	0.6	0.7	0.8	0.9	1	1.1	1.2	1.3	1.4	1.5	1.6	1.7	1.8	1.9	2	其他
频率	0	0	0	3	30	140	499	743	484	237	120	48	43	8	11	7	2	0	3	0	1
累积%	0.00	0.00	0.00	0.13	1.39	7.27	28.2	59.4	79.8	89.7	94.8	96.8	98.6	98.9	99.4	99.7	99.8	99.8	99.9	99.9	100

图 3-9　融合出行 OD 的公交平均可达性分布直方图

从可达性的空间分布来看（图 3-11、图 3-12），融合出行 OD 的公共交通平均可达性在空间上同样呈现出由城市核心区向外围地区递减的分布态势。整体上同一空间上的可达性值比平均可达性值低，这是因为远距离出行人次的比例较低，且居住在边缘地区的出行人口大多是近距离出行，因此融合出行 OD 后的可达性值降低。与小汽车平均可达性类似，融合出行量的可达性同样呈现出从城市核心区向外围地区逐渐升高的分布态势，但整体可达性水平在同一空间上比平均可达性结果高。公共交通与小汽车交通基站单元在空间上的可达性分布态势与平均可达性均类似，形成原因也与后者类似，只是加入对人口出行的考虑将可达性水平在相同空间上有所提高，但并未改变可达性分布的空间状况及其变化趋势。

第三章 时间可达性 45

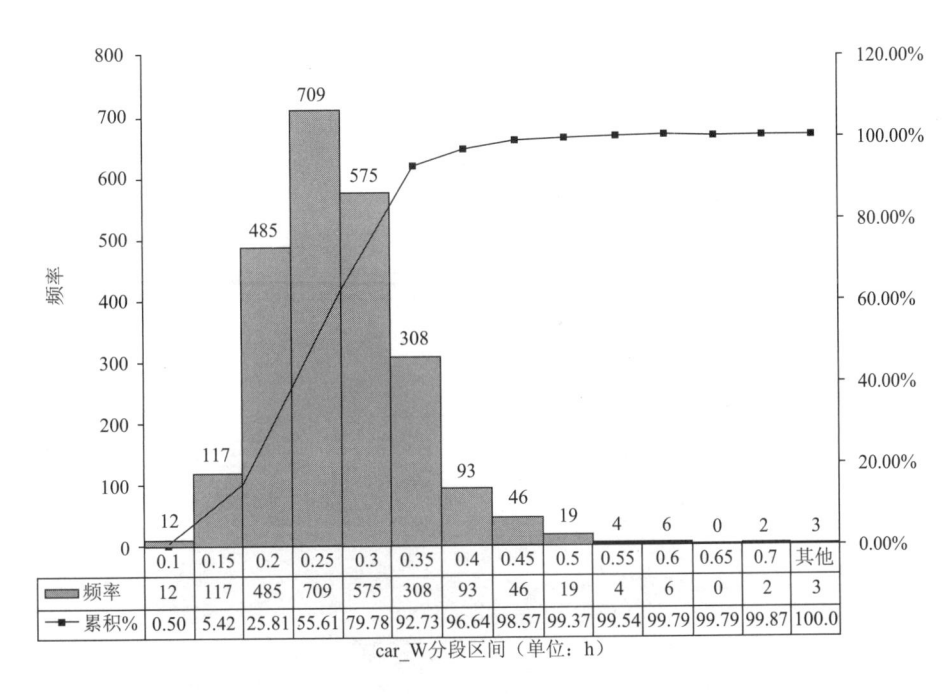

	0.1	0.15	0.2	0.25	0.3	0.35	0.4	0.45	0.5	0.55	0.6	0.65	0.7	其他
频率	12	117	485	709	575	308	93	46	19	4	6	0	2	3
累积%	0.50	5.42	25.81	55.61	79.78	92.73	96.64	98.57	99.37	99.54	99.79	99.79	99.87	100.0

car_W 分段区间（单位：h）

图 3-10 融合出行 OD 的小汽车平均可达性分布直方图

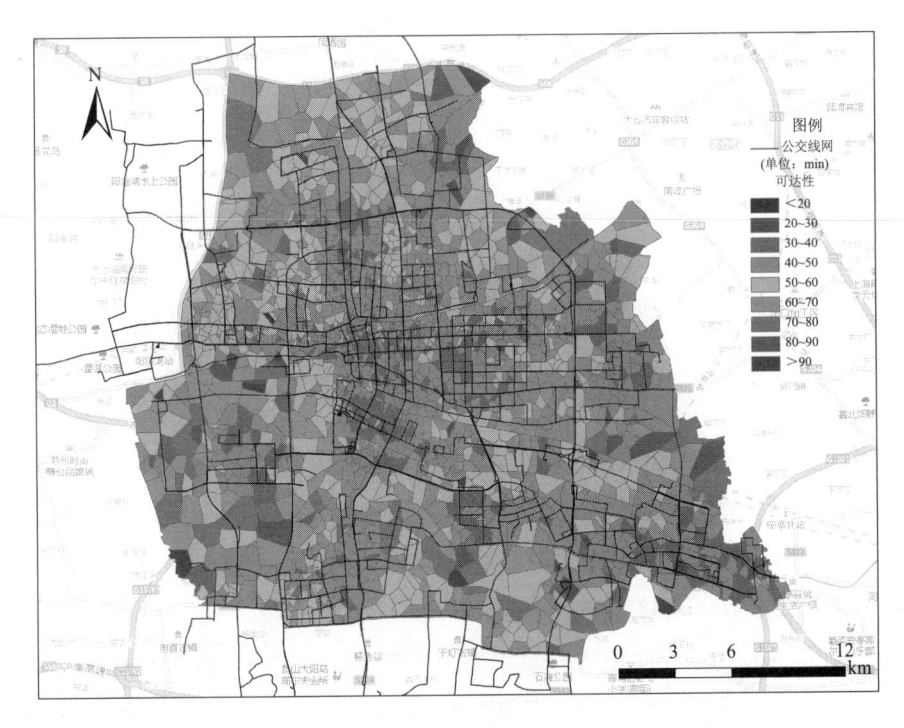

图 3-11 融合出行 OD 的公交平均可达性空间分布

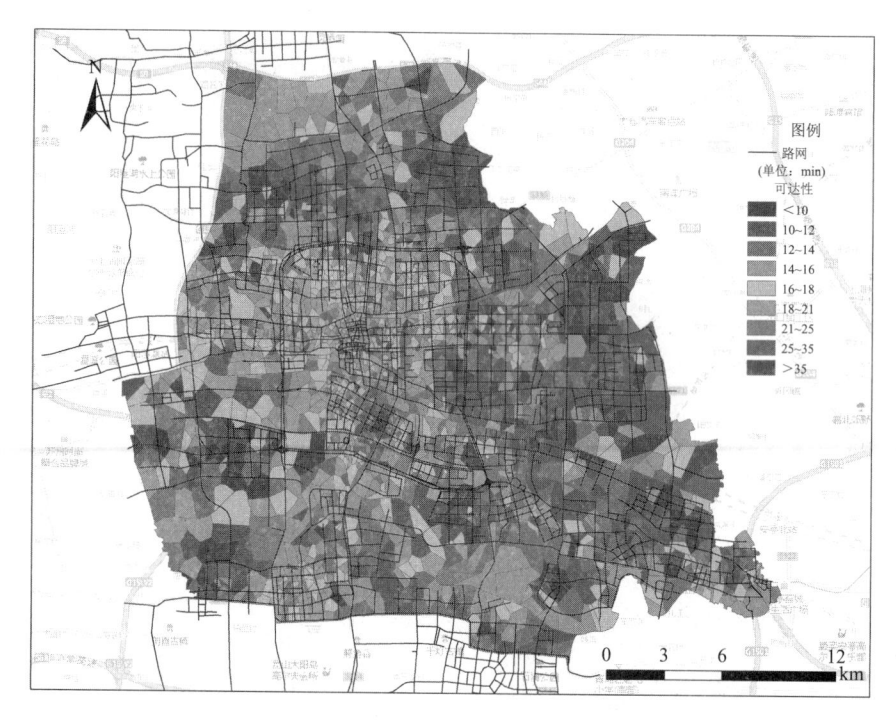

图 3-12　融合出行 OD 的小汽车平均可达性空间分布

四、不同可达性分析方法比较

根据以上分析可知，考虑人口出行的可达性水平与平均可达性得到的结果在整个研究区域的空间分布态势没有质的变化，如公共交通可达性水平由外围向核心区递增；小汽车可达性水平由中心向外围递增。相对明显的变化只是可达性的水平在同一空间上有所提高。平均可达性计算的早高峰总体公共交通出行的时间成本为 2 036.39 小时，均值为 0.86 小时，小汽车交通出行的时间成本为 662.04 小时，均值为 0.28 小时；融合出行 OD 的平均可达性计算的早高峰总体公共交通出行时间成本为 1 891.28 小时，均值为 0.80 小时，小汽车交通出行成本 591.09 小时，均值为 0.24 小时。总时间成本分别减少了 145.11 小时与 70.95 小时。从基站单元来看，同一单元两种分析方法相比，公共交通 95.46% 基站单元可达性差距在 0.2 小时以内，74.48% 基站单元计算的可达性值差距在 0.1 小时以内，1 942 个基站单元的平均可达性值大于融合出行 OD 的平均值，占总体 81.63%；小汽车 96.93% 基站单元可达性差距在 0.1 小时以内，1 996 个基站单元平均值大于融合出行 OD 的平均值，占总体 83.9%。

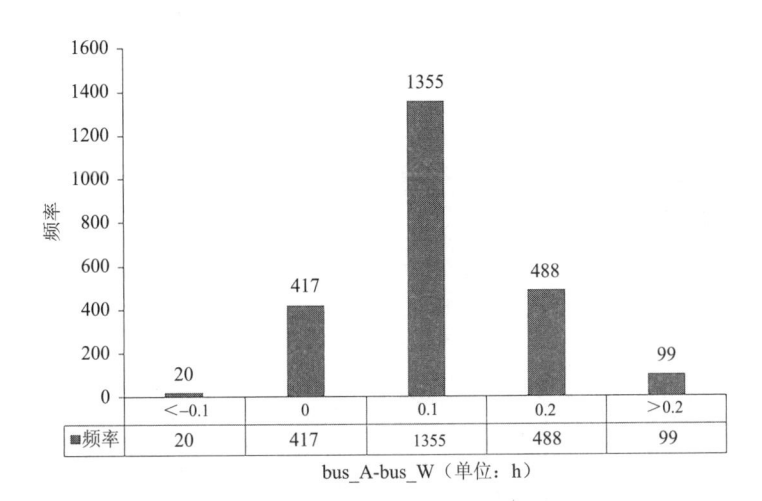

图 3-13 公共交通可达性差值分布

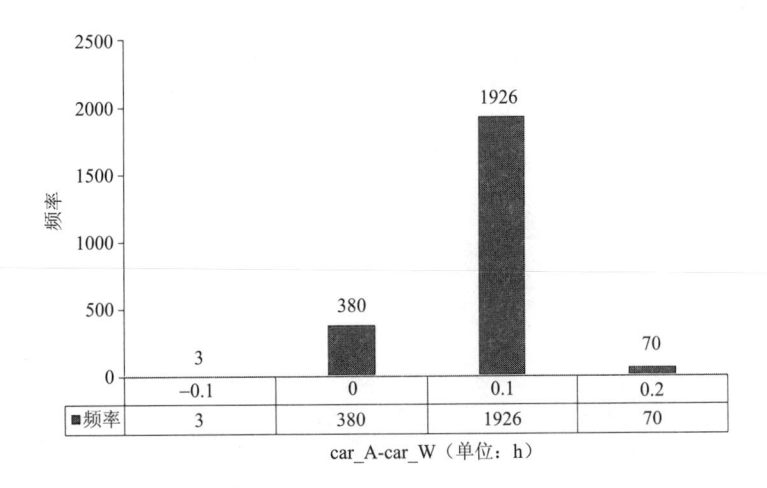

bus_A-bus_W（单位：h）	<-0.1	0	0.1	0.2	>0.2
频率	20	417	1355	488	99

图 3-14 小汽车交通可达性差值分布

car_A-car_W（单位：h）	-0.1	0	0.1	0.2
频率	3	380	1926	70

从可达性差值的空间分布来看（图 3-15、图 3-16），公共交通可达性差值由城市核心区向外围呈增加的分布态势。边缘地区的可达性差值较大，这说明平均可达性分析方法在城市边缘地区计算的公共交通可达性值误差变大。小汽车可达性差值的空间分布相对均匀，只有少数的单元可达性在 0.1 小时以上，且空间上没有表现出较为明显的集聚。

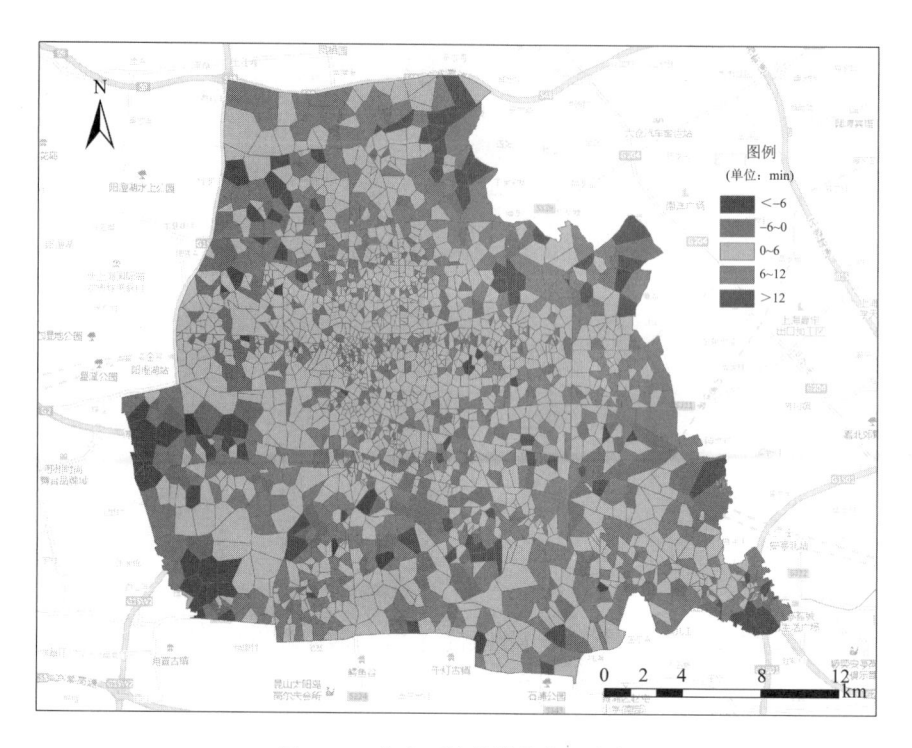

图 3–15　公交可达性差值空间分布

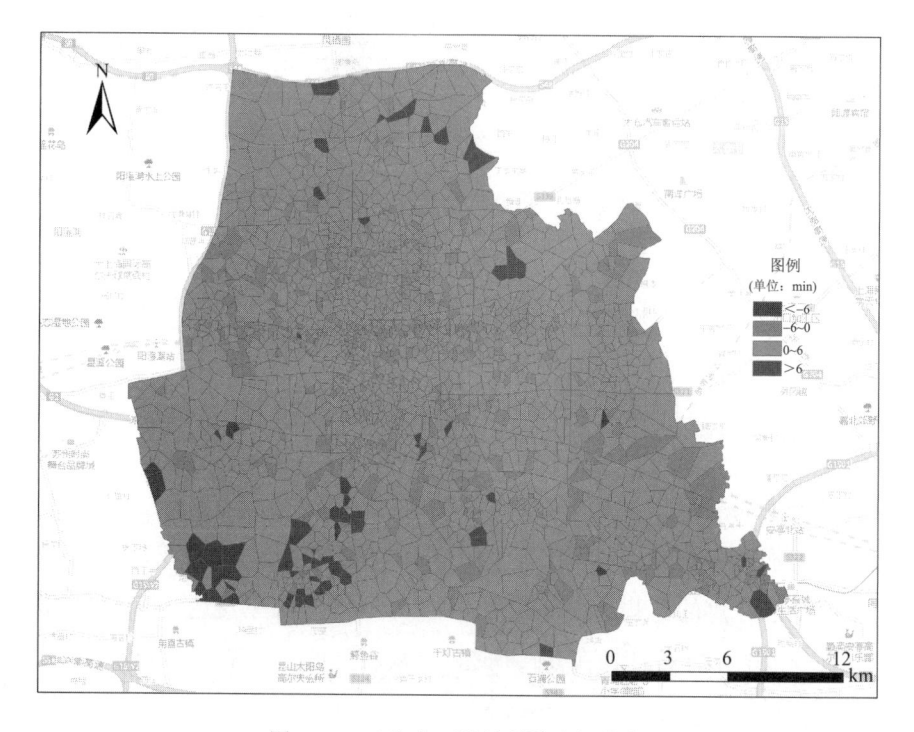

图 3–16　小汽车可达性差值空间分布

从两种交通方式的平均可达性的比值来看，可以反映公共交通与小汽车交通方式在出行服务供给的优劣。公共交通与小汽车交通平均可达性的比值平均值为3.2。2 014个基站单元的公交竞争指数在 2~4 之间，占总体 84.7%。从公共交通与小汽车融合出行OD的平均可达性的比值来看，整体上比值平均值为3.38，大部分基站单元比值处在 2~5 之间，占总体 93.9%。从交通方式运营的效率上来讲，小汽车较公交是优先选择的出行方式，公交出行的竞争力较弱。从空间分布来看（图 3–19、图 3–20），两种分析方法得到的可达性比值在空间上呈现相同的分布态势，均是由城市核心区向外围递增，但融合出行 OD 的平均可达性的递增速度大于平均可达性。融合出行量的可达性比值高于平均可达性计算的可达性比值，因此运用平均可达性分析方法在一定程度上缩小了公共交通与小汽车交通可达性的差距，高估了公共交通的竞争力。

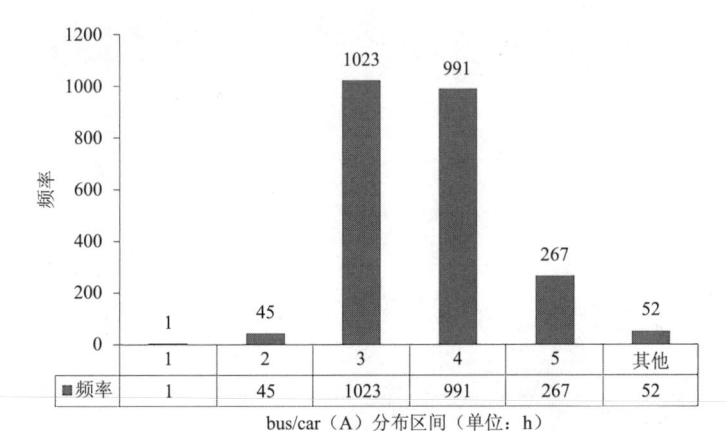

图 3–17　平均可达性比值分布统计

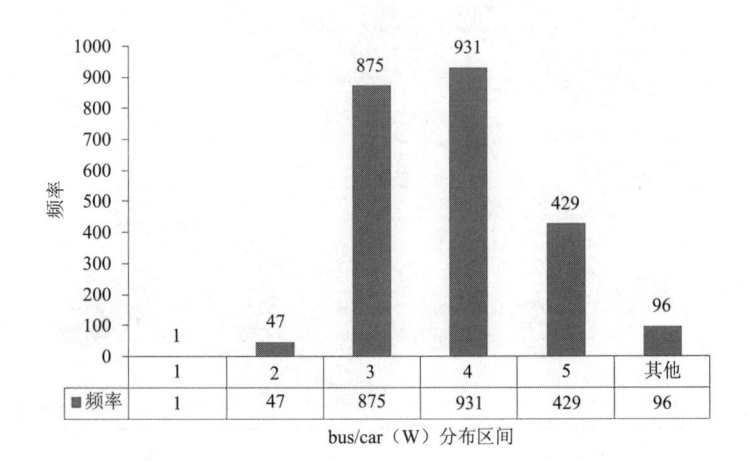

图 3–18　融合出行 OD 的平均可达性比值分布统计

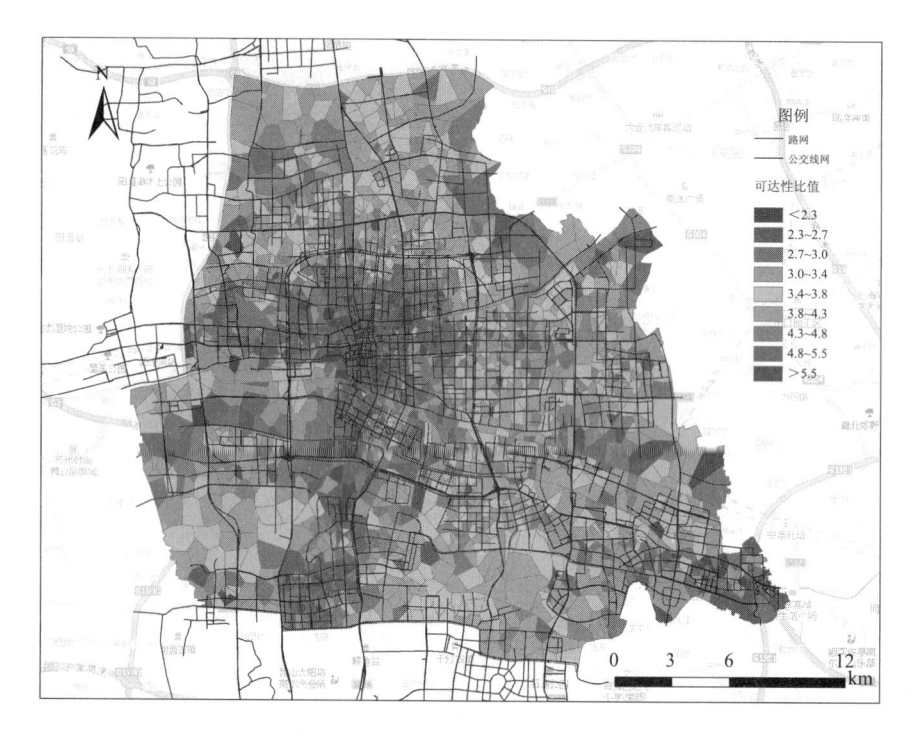

图 3-19　平均可达性比值空间分布

图 3-20　融合出行 OD 的平均可达性比值空间分布

表 3-3 可达性独立样本检验结果

		方差方程的列文检验		均值方程的 t 检验					差分的 95%置信区间	
		F	Sig	t	df	Sig（双侧）	均值差值	标准误差值	下限	上限
公共交通可达性值	假设方差相等	2.337	0.126	12.087	4 756	0.000 003 44	0.060 996 809	0.005 046 479	0.051 103 374	0.070 890 243
	假设方差不相等	—	—	12.087	4 753.783	0.000 003 44	0.060 996 809	0.005 046 479	0.051 103 373	0.070 890 244
小汽车可达性值	假设方差相等	7.855	0.005	14.376	4 756	0.000 006 15	0.029 823 500	0.002 074 507	0.025 756 505	0.033 890 495
	假设方差不相等	—	—	14.376	4 742.154	0.000 006 19	0.029 823 500	0.002 074 507	0.025 756 502	0.033 890 498

综上分析，昆山市中心城区内平均可达性分析方法普遍高估了基站单元的可达性值，相应地，低估了片区可达性水平，也低估了公共交通与小汽车交通时间成本的差距。两种分析方法的可达性差距大多保持在 0.1 小时以内，融合出行量的平均可达性未改变平均可达性分布的空间态势，但是两种分析方法得到的可达性差距程度究竟如何，对于基于可达性的其他研究与分析是否有显著影响仍需近一步探究。通过对两种分析方法得到的可达性值进行独立样本的 F 检验与 T 检验，分析两组数据之间的差异。

从公共交通可达性检验结果来看，$F=2.337$，$Sig=0.126$，$Sig>0.05$，满足方差齐性，进行双样本等方差假设，双侧 $Sig=3.771E–33$，远小于 0.001，因此在统计学意义上两组公共交通可达性数据之间差异性极其显著；从小汽车可达性检验结果来看，$F=7.855$，$Sig=0.005$，$Sig<0.05$，不具备方差齐性，进行双样本异方差假设，双侧 $Sig=6.654E–46$，远小于 0.001，因此在统计学意义上两组小汽车可达性数据之间差异性极其显著。无论是公共交通还是小汽车交通，尽管可达性差距大部分保持在 0.1 小时以内，但两种分析方法计算的可达性差异都是极其显著的。

第四节 结 论

一、概念及方法总结

时间可达性分析以综合的交通时耗作为可达性评价的基础数据，但影响可达性的因素还有其他，如居住、就业、经济发展水平，考虑将这些因素融入到模型中对城市可达性的评价会产生什么样的变化需进一步研究。

二、实证总结

实证部分采用平均可达性与融合出行 OD 的可达性两种分析方法对城市交通可达性进行研究，分析昆山市城市集中建设区不同出行方式之间可达性差异及空间分布情况，然后比较不同分析方法计算的两组可达性数据之间存在的差异，主要得出如下两点研究结论。

（一）不同交通方式可达性水平差异显著

从交通出行的时间成本来看，公共交通可达性均值均大于等于 0.8 小时，小汽车可达性均值都大于等于 0.24 小时，公共交通的可达性水平明显低于小汽车交通。从可达性的空间分布来看，公共交通可达性在空间上呈现出由中心城区向周边地区递减的分布态势，且由核心区沿 S224 省道与 G2 京沪高速已经初步形成了带状延伸态势。城市核心区、张浦、花桥成为公交可达性水平较高的三个中心地区，可达性水平与公交线网的密度呈现正相关。小汽车可达性水平与公共交通呈现相反的空间分布态势，由城市核心区向周边地区逐渐递增。核心区可达性水平低与老城早高峰的交通拥堵相关。

（二）不同分析方法的可达性结果差异显著

平均可达性与融合出行 OD 的可达性的公共交通出行方式的均值分别为 0.86 与 0.80，小汽车出行方式均值分别为 0.28 与 0.24，两者计算的均值差距在 0.05 小时左右，但是通过差异性分析，两组数据在统计学意义上呈现出极其显著的差异。假如运用出行时耗来衡量交通成本，那么城市中每一个出行人口的交通花费都应该考虑到社会整体的交通成本计算中。考虑出行量的可达性分析不单单只是从交通基础设施选择的便利与运营效率来研究问题，它更能反映整个社会在交通出行中的整体效率，因此对于提倡公平正义的现代社会，该分析方法更符合实际，计算结果也更加准确。

第四章　就业可达性

本章分别使用潜力模型（Potential Model）与机会累积模型（Opportunity accumulation Model）对昆山市中心城区不同出行方式的就业可达性进行分析。通过使用高德地图API获取不同出行方式的出行成本（出行时间、出行费用、出行距离），从而比较不同出行方式的就业可达性的数据与空间特征差异，然后探究不同要素对于就业可达性的影响，最后针对研究结果提出具体的实施建议。

第一节　概　念

就业可达性指从居住地到达就业地的空间难易程度（Cervero，1997）和获得就业机会的空间潜力（Hansen，1959）。其作为评估弱势群体就业机会的绩效指标成为城市规划师、地理学家、经济学家以及与所有居民所关注的重要指标。就业可达性是一个非常有用的工具，在面对职住空间错配（Kain，1968）、职住平衡（Levinson，1998）、过度通勤（Hamilton，1982）等问题上有着极为重要的作用。同时，就业可达性也是了解城市形态的重要工具（Shen，1998）。由于通勤出行在居民出行目的中占较高比例，所以提高城市居民就业可达性对于改善城市整体交通可达性意义重大。从就业者的角度来看，增加工作机会可以缩短通勤时间，甚至可能改善就业前景（Hu，2014）。因此测算就业可达性是衡量交通公平的重要手段之一。在中国等发展中国家，虽然学术研究中越来越多地提出将就业可达性作为一项重要的规划绩效指标（Fan *et al.*，2014；Zhao *et al.*，2010），但实际上很少有城市进行实践。刘冰等（2017）以公交30分钟可达性作为绩效指标考察武汉市区的交通网络和空间结构，突破了以机动性为核心的传统评价体系，适应了从"以车为本"向"以人为本"的范式转变。

随着对就业可达性的研究深入，考虑其影响因素越来越全面。从一开始只考虑通勤成本，到普遍被人们接受的通勤时间/距离与就业可达性均有合理的关联（Hu, 2015; Maria, 1997; Wang, 2000）111。程建全（音译, Cheng, 2013）和贝尔托利尼（Bertolini, 2013）将影响就业可达性的因素归纳为工作区位、居住位置和交通条件，三者存在互相影响的关系。人们由于自身收入的限制选择了居住地，而选择的工作又与收入有关，而收入则又决定出行工具的选择。同时贝尔托利尼等（Bertolini, 2005）强调在给定的出行时间/费用内可以达到地点的数量和多样性。联系居民与就业岗位是交通系统最为重要的任务之一（Grengs, 2009）。而后，随着研究的深入，将影响就业可达性的力量归纳为：一种是区域层面的社会经济转型，它改变了就业供给和就业需求的总量；另一种是区域内的空间转型，影响了就业和人口的分布（Hu, 2017）。城市规划的政策干预下的空间布局，影响人们的就业空间分布。除了市场、机构和政府部门之外，个人的态度和偏好也会影响他们的居住和就业可达性（Cao *et al.*, 2009）。此外，主要的基础设施投资可能会导致住宅和就业的重新安置，并以不同的方式影响不同人群的就业机会（Fan *et al.*, 2010; Tilahun *et al.*, 2014）。

由于中西方国家发展背景不同。在西方国家，王志豪（音译, Wang, 2015）和陈娜（Chen, 2015）提出就业可达性受到9个变量影响，分别是：城市空间区位、土地利用、交通设施、种族、人口密度、家庭结构、教育水平、机动车拥有和住宅单元数。突出的就是种族歧视问题（Wang *et al.*, 2015; Ihlanfeldt *et al.*, 1990），由西方移民国家特定的国情所决定的。黑人等有色人种的收入、受教育水平、掌握英语水平等都受到了影响，因此就业可达性较差；同时交通方式的选择能力（Guzman *et al.*, 2017）也影响着就业可达性，小汽车的就业可达性要高于公共交通可达性。北美和欧洲的一些研究表明，难以得出使用公共交通来使得就业机会与失业率上升有关。就业率体现了人们寻找工作的匹配程度（Matas *et al.*, 2010; Sanchez, 1999; Sari, 2015; Tyndall, 2017）。戈卢布等（Golub, 2014）发现公共交通与小汽车就业可达性的差异在不同群体中存在不一样的特征。低收入群体由于两种可达性水平都不高，因此差异较小；教育程度可以作为个人或家庭的可用资源，同时限制了一个人找工作的范围。那些受教育程度较高的人可能会受到就业竞争较小的影响，因为他们与其他劳动力的差别更大。首先，随着教育程度的提高，可达性变量的统计显著性和系数大小增加，这表明就业可达性与高等教育群体的就业状况有较强的联系，而不是低等教育群体的就业。原因可能是低学历群体面临空间障碍，例如劳动力市场准备和缺乏社交网络（Bunel *et al.*, 2014; Cheng *et al.*, 2013;

Hu，2017）。

而在中国，种族歧视与隔离现象不是最重要的矛盾。交通建设、空间发展和社会经济力量可能是影响中国城市就业可达性的主要因素。杨涛和过秀成（1995）使用简单的居民平均通勤出行距离或时间来计算就业可达性。随着对于就业可达性理论和概念理解的深入，国内学者展开了大量的实证研究。刘志林和王茂军（2010）在北京市以街道为研究单元，探讨了就业可达性对于不同收入居民通勤时间的影响，研究发现通勤时间与就业可达性呈非线性关系。吕斌等（2013）则关注了北京低收入群体的就业可达性的时间变化。由于低收入群体居住的保障性住房所处区位较差，并且公共交通设施条件不佳，因此难以获取就业机会，2004 年之后低收入居民就业可达性变差。吴江洁和孙斌栋（2015）以上海为研究对象，通过就业可达性与居民收入关系的构建来分析两者之间是否存在一定的联系。结果表明就业可达性对于居民收入有正向影响，但不是最主要的影响要素。上海的就业可达性空间特征为多中心的结构，在外环线以内的地区则呈现出随距离衰减的格局。包丹文等（2014）以交通小区为研究单元，分析了南京市就业可达性的空间分布特征，发现东部新区与主城区联系更为紧密，就业可达性水平相对于其他新区而言较高。王绮等（2015）以沈阳市为例，通过就业可达性作为衡量指标，使用两步移动搜索法发现其双中心结构的空间结构特征。

就业可达性的空间结构特征是一个重要的研究方向，在国外早期研究中发现其具有较为明显的"中心—外围"圈层结构（Levinson，1998；Bederman et al.，1974），具体体现在由中心城区向城市边缘地区可达性逐步变差，公共交通就业可达性的扩散则与公共交通线网和就业岗位的空间分布有着密切的关系。城市的不断地发展从而导致就业可达性会随着城市结构的改变而改变，可能呈现出多中心的空间形态（Grengs，2009；Cheng et al.，2013）。不同交通方式下，就业可达性的空间分布格局也存在着差异（Wang et al.，2015）。在中国，由于快速城镇化，城市范围不断扩张，在城市规划指导下的城市公共资源分配难以均衡，从而导致就业可达性空间失衡的现象。

第二节 方 法

研究者从不同角度对就业可达性进行理解，因而所采用的计算方法也有所不同。在就业可达性研究的初期，技术操作缺失、软硬件水平低、研究数据获取艰难均限制了就业可达性的计算，因此研究者就直接将居住地到就业地的出行时间作为就业可达性（Ihlanfeldt et al., 1990），而这种测度方法忽视了居住地和就业岗位的属性，同时没有考虑人们就业过程中的竞争关系。随着技术的发展，将就业供需关系、用地类型和交通设施在就业可达性的模型的发展过程中逐步考虑进去。随着模型的逐步丰富，潜力模型和机会累积模型成为现在最为常用的就业可达性测算模型。

沈青（1998）对于重力模型进行了补充，考虑到了不同通勤模式的就业者之间的空间竞争。而后有大量学者对于空间阻抗进行补充。首先是交通出行方式的差异，因为每种交通工具克服空间阻隔不同，使用的出行网络也不相同，因此空间阻隔衰减函数也不同。其次有学者考虑了出行的花费成本（Guzman et al., 2017）。

在特定距离或时间内人们可以获得工作机会的数量变成为机会累积。该模型在研究和实践中得到广泛应用（Casas, 2007; El-Geneidy et al., 2007; Manaugh et al., 2010）。规划人员越来越多地在规划实践中使用机会累积模型，以评估各种土地使用和交通计划的就业可达性影响。

机会累积模型有两大优点。首先，它考虑了工作机会的空间位置和具体的交通阻抗，尽管这种阻抗指标非常简单。其次，与大多数其他可达性模型相比，机会累积的测算方法更容易计算和理解。另一方面，机会累积模型的简单性可能会限制其反映复杂就业市场和通勤行为的能力。首先，模型假设在一定的时间或距离约束下，人们获取工作的能力是相同的，因而不考虑随着时间或距离的增加，获得就业机会的成本会随之增加。其次，对于不同人群来说出行成本的衡量标准有所不同（Bertolini et al., 2005）。

一、潜力模型构建

潜力模型是可达性模型中常用且最为经典的模型，在模型的不断发展过程中，研究者将各种可能影响可达性的因素加入潜力模型中，在研究就业可达性中逐步考虑了土地利用、交通设施和人口分布特征，具体引入就业需求、岗位供给和交通阻抗距离衰减三大因素（Kawabata, 2003）。具体计算公式如下：

$$A_i = \sum_j \frac{O_j F(T_{ij})}{\sum_k P_k F(T_{kj})} \quad \text{式 4-1}$$

式 4-1 中：A_i 指的是居住在交通小区 i 居民的就业可达性大小；O_j 指在交通小区 j

中存在的潜在就业岗位数；T_{ij} 指交通小区 j 的岗位需求潜力数；$F(T_{ij})$ 指从交通小区 i 到 j 的交通阻抗函数；P_k 指居住在交通小区 j，但在交通小区 k 中就业的人数；$F(T_{kj})$ 为从交通小区 i 到 k 的的交通阻抗函数；T_{kj} 为从交通小区 k 到 j 的出行阻抗（出行阻抗可以是出行时间、出行距离、出行花费，或者三者之间的相互组合）。

潜力模型中一个重要的组成部分就是阻抗函数。不同城市居民的出行习惯不同，因此需要根据每个城市具体的居民出行特征而确定阻抗函数的形式与具体参数。在城市居民出行调查中，大中型城市内部出行比例是随着出行时间的增加而呈现出先增加再减少的类似"倒 U"型曲线的函数图像（崔洪军，2006；陆建，2004）。一般认为居民出行意愿和满意度随着出行阻抗的增加而降低。

潜力模型中的出行阻抗函数的参数采用出行成本与手机信令数据进行回归。首先根据基站的空间点位置和手机信令数据得到早高峰时段（7~9 点）每个出发基站（O）和到达基站（D）的经纬度坐标；其次调用高德地图 API，根据 O、D 点的经纬度坐标获取每个 OD 出行的出行成本数据，并与手机信令数据中对应的 OD 出行人次匹配，得到市域范围内每个 OD 对应的出行距离和出行人次数据；再次以间隔 1 000 米统计每个区间内的出行人次，并计算出对应的出行概率（出行人次/总出行人次）；然后利用 SPSS 中的非线性回归工具，分别选取幂函数、指数函数、复合函数、瑞利函数和一般交通阻抗函数五种函数形式，对第三步中得到的出行距离和出行概率的数据进行回归，得到相应的参数回归结果；最后将回归结果与实际结果进行对比，计算误差平方和。具体技术路线图 4-1 所示。

出行阻抗函数选择幂函数、指数函数、复合函数、瑞利函数和一般阻抗函数五种。五种函数回归参数如下：

幂函数是最常见的交通阻抗函数之一，函数形式如下：

$$f(t_{ij})=a \times t_{ij}^{\alpha} \qquad 式 4\text{-}2$$

式中：t_{ij} 表示手机基站 i，j 之间的出行距离；a 和 α 是交通阻抗函数的参数。

指数函数是另一种较为常见的交通阻抗函数，函数形式如下：

$$f(t_{ij})=a \times e^{-t_{ij}} \qquad 式 4\text{-}3$$

式中：t_{ij} 表示手机基站 i，j 之间的出行距离；a 是交通阻抗函数的参数。

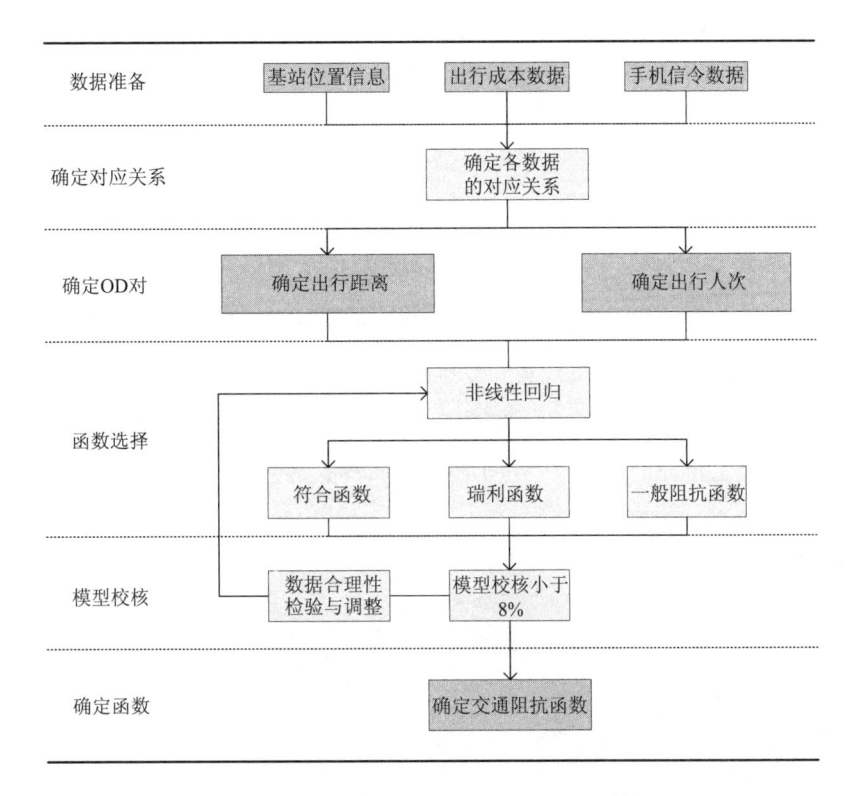

图 4-1　出行分布模型参数回归流程结构

一般来讲，简单常见的交通阻抗函数如幂函数和指数函数是不能反映复杂的实际出行情况的，为了使计算结果更接近实际，选取两种函数相组合的复合函数，函数表达式如下：

$$f(t_{ij}) = a \times t_{ij}^{\alpha} \times e^{-t_{ij}} \qquad 式\ 4\text{-}4$$

式中：t_{ij} 表示手机基站 i, j 之间的出行距离；a 和 α 是交通阻抗函数的参数。

瑞利函数是出行距离分布函数的一种，是根据概率论，由随机理论推导出来的一种交通阻抗函数，函数表达式如下：

$$f(t_{ij}) = a \times t_{ij} \times e^{-\beta t_{ij}^2} \qquad 式\ 4\text{-}5$$

式中：t_{ij} 表示手机基站 i, j 之间的出行距离；a, β 是交通阻抗函数的参数。

对比上述两种复合函数和瑞利函数的函数表达式，我们可以归纳出更一般的交通阻抗函数为一般伽马函数，函数表达式如下：

$$f(d_{ij}) = a \times d_{ij}^{\alpha} \times e^{-\beta t_{ij}^{\gamma}} \qquad 式\ 4\text{-}6$$

式中：d_{ij} 表示手机基站 i，j 之间的出行距离；α，β 和 γ 是交通阻抗函数的参数。

二、机会累积模型构建

机会累积模型是指在特定距离或时间内可以获得工作机会的数量。本研究选取的最小研究单元为基站，首先根据城市居民出行调查确定不同出行方式的时间阈值，小汽车为 45 分钟，公交车为 30 分钟；其次计算每个基站可以获得的就业岗位数，可获得就业岗位数即为其就业可达性。通过编程调动高德地图 API 的路径规划功能，可以获取不同出行方式下各基站之间出行成本，包括所消耗的时间、距离和花费。将每个基站到其他所有基站的阻抗取平均值。

第三节 实 证

一、研究范围与数据

（一）研究范围

昆山市是中国中小城市综合实力百强市之首，地处江苏省东南部。由于昆山市的就业通勤主要集中在中心城区，因此研究范围选取昆山市中心城区，由苏昆太高速公路—苏州东绕城高速公路—娄江—昆山西部市界—机场路—千灯浦—吴淞江—昆山东部市界共同围合的范围。

（二）研究单元

基于不同的分析方法，选择不同的研究单元。以基站服务范围作为规划单元要小于交通小区，可以满足城市规划和交通规划的尺度要求。因为基于手机信令数据，选取基站的服务范围作为研究的最小单元。昆山市中心城区有 2 549 个基站，其中有效基站 2 379 个。

潜力模型则选取交通小区作为研究单元。交通小区划分具有其存在的合理性，便于进行城市与交通规划的具体设计、评估与实施。交通小区的划分原则：1.交通小区参考基站的服务边界划定；2.考虑上位规划中的一系列要求，具体根据用地规模、道路划分状况、人口规模、社区边界、土地利用性质、规划布局特点等来确定；3.交通小区的边界最好不要横穿城市主干道；4.交通分区系统的现状和远期范围要大概一致，为了便于规划的编制和交通模型的建立和使用。昆山市中心城区有 497 个交通小区（图 4–2）。

图 4–2　交通小区分布

由于研究单元分为基站和交通小区两个层面，因此需要将基站的就业与居住数据以交通小区为边界进行重新统计，具体步骤如下：在 ArcGIS 中依据基站的服务范围创建泰森多边形，将基站的出行数据赋予泰森多边形，打开泰森多边形的属性列表，根据空间关系进行关联；获得出行人口数据后，用每个泰森多边形的出行人口除以每个泰森多边形的面积，得出出行人口密度；然后将交通小区与基站的泰森多边形进行叠置分析中的相交运算，并将生成的叠置结果进行计算，打开属性表，添加双精度字段，使用字段计算器计算出行人数；最后进行空间统计，得到每个交通小区的居住与就业人数。

（三）数据准备

在明确了研究单元，则要构建研究需要的数据库。就业可达性的研究数据库主要包括三大核心要素：居住信息、就业信息和交通基础设施信息。在中国，由于人口众多，各种调查成本高，涉及与本研究有关的经济和人口普查数据调查周期长且公开程度低。因此，选择样本量大、数据更新快的手机信令数据来表征研究中所需要的居住与就业人口数据。各种出行方式的阻抗则通过编程调用高德地图API而进行获取。居住和就业人口数以列表形式入库，公共交通和小汽车的阻抗以OD表格的形式入库。其他基础数据：交通小区边界和基站位置数据均由规划局提供。昆山市道路网络、公交站点及网络则由高德地图API爬取获得。具体数据库构建如图4–3所示。

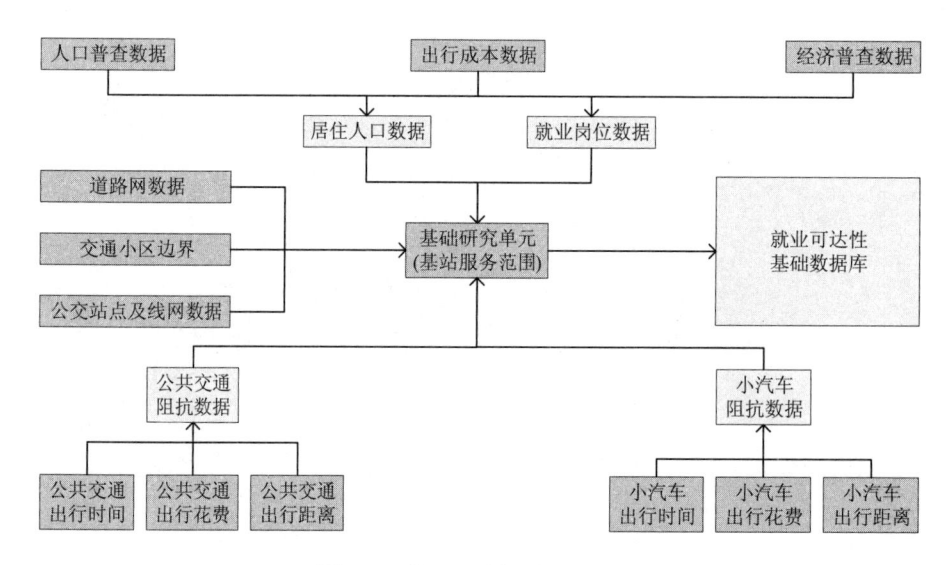

图4–3 就业可达性数据库构建

在明晰了数据库要素后，则要进行居住与就业人口数的判定规则设定、具体实施步骤操作和空间特征总结。

（四）模型建构

通过对昆山市各区最常用的两种交通阻抗函数回归结果可以看到，幂函数与指数函数对于昆山出行距离的拟合度很低，两者的 R^2 都低于0.5。对比昆山市域及各区的实际出行情况统计数据可知，出行概率随出行距离变化的函数不是简单的单调函数，而是一种先增后减的复杂函数，而幂函数与指数函数都是单调的，所以拟合度较低且不符合实际情况。基于以上考虑，采用复合函数、瑞利函数和一般阻抗函数进行进一步回归。三种函数都满足先增后减的函数变化形式，回归结果如下：

表 4–1　交通阻抗函数参数回归汇总

阻抗函数		复合函数	瑞利函数	一般阻抗函数
回归结果	a	0.116	0.083	1.267
	α	3.164	/	5.104
	β	/	0.047	3.624
	γ	/	/	0.663
	R^2	0.934	0.849	0.949

根据回归结果，三种函数的 R^2 都比较高。函数模型的拟合度都较高，基本都满足昆山市域的出行实际情况。为了进一步分析比较三种函数的精确度，接下来结合实际情况，对三种函数的模拟数据进行对比分析，对拟合度及误差情况进行深一步的讨论。

采用实际出行距离的分布曲线与回归模拟的曲线进行对比，计算误差平方和，以此来校验出行分布模型的可靠性。

三种类型函数在 SPSS 回归结果中的 R^2 分别为 0.934、0.849 和 0.949，一般阻抗函数的拟合度最高。从标定参数计算的各种目的的平均综合阻抗值与调查平均综合阻抗误差平方和都很小，其中一般阻抗函数的误差平方和最小。由此说明，一般阻抗函数标定的参数更加精确。最终阻抗函数如下：

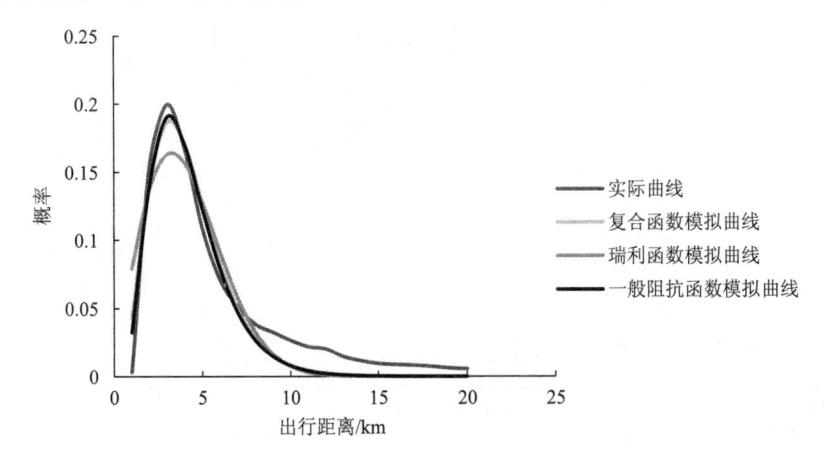

图 4–4　市域范围实际值与模型值阻抗分布曲线

表 4-2　市域范围各模拟函数拟合度和误差值

	复合函数	瑞利函数	一般阻抗函数
R^2	0.934	0.849	0.949
误差平方和	0.023%	0.052%	0.018%

$$f(d_{ij}) = 1.267 \times d_{ij}^{5.104} \times e^{-3.624 d_{ij}^{0.663}} \quad \text{式 4-7}$$

其中 d_{ij} 为出行阻抗。

二、基于潜力模型的就业可达性分析

（一）不同方式就业可达性特征

首先通过高德 API 获取不同出行方式的出行成本（时间、距离和花费）来得到昆山市中心城区居民出行的基本特征；其次运用拟合的昆山市具体阻抗函数进行最终的出行阻抗确定；然后带入潜力模型的公式来确定各个交通小区的就业可达性，从统计特征和空间特征两个方面进行具体的分析；最后通过不同交通方式的就业可达性差距和多要素与就业可达性的相关性分析，对昆山市中心城区的交通基础设施建设给出具体的建议。

1. 小汽车就业可达性

昆山市早高峰通勤时段为 7 点到 9 点，因此爬取早高峰的出行成本，具体结果如下：小汽车的平均出行时间由 20 分钟到 55 分钟不等，平均出行时间为 30 分钟。中环高架东线平均出行时间最短，南部新城与花桥商务城东部平均出行时间最长。老城区没有呈现出平均出行时间最短的特征，充分说明了早高峰时段，老城区交通拥堵情况严重，影响了人们的出行时间；而城市边缘区平均出行时间较长则与其基础设施建设条件一般有关，如西部新城最北端，道路设施明显匮乏，平均出行时间超过 50 分钟。

表 4-3　昆山市中心城区小汽车平均出行时间描述性统计表

交通小区	最小值（M）	最大值（X）	平均值（E）	标准偏差	方差	变异系数
CAR 平均出行时间	20	55	30	287.353	82 571.606	0.162

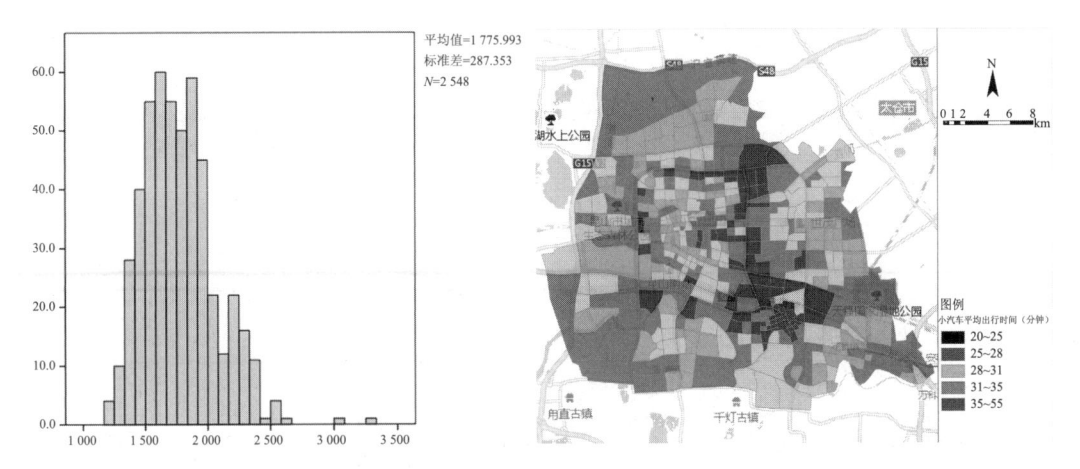

图 4–5　中心城区小汽车平均出行时间分布直方图　　图 4–6　中心城区小汽车平均出行时间

表 4–4　昆山市中心城区小汽车平均出行距离描述性统计表

交通小区	最小值（M）	最大值（X）	平均值（E）	标准偏差	方差	变异系数
CAR 平均出行距离	9 220.445	23 616.702	13 914.77	3 020.847	9 125 515.623	0.217

出行距离则呈现了中心—外围的圈层结构特征（图 4–8），由老城区逐步向外增加。平均出行距离由 9 220 米到 23 616 米，平均值为 13 914 米。

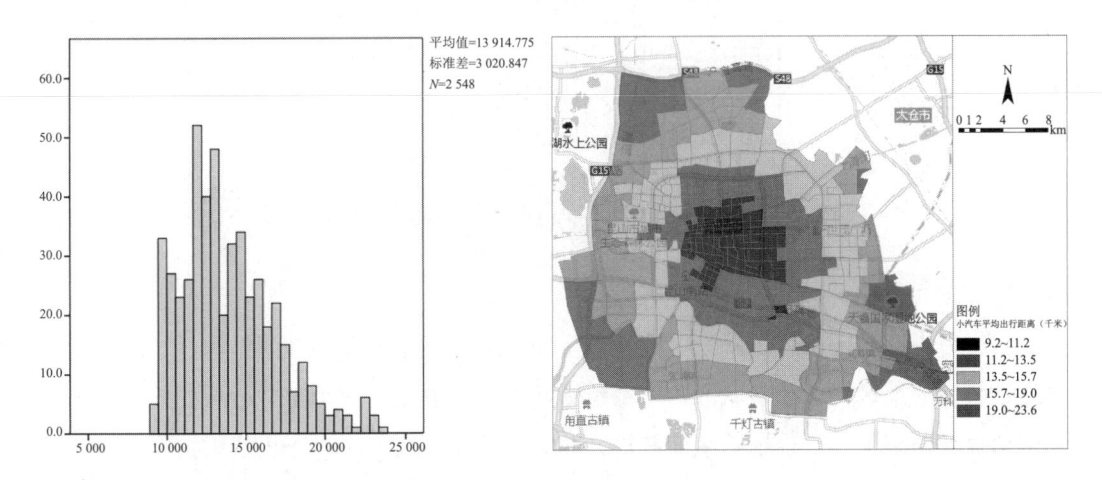

图 4–7　中心城区小汽车平均出行距离分布直方图　　图 4–8　中心城区小汽车平均出行距离

（1）统计特征

根据每个交通小区的小汽车就业可达性结果进行统计分析，小汽车就业可达性平均值为 1.046 324，范围在 0.048 551～1.591 145 之间。在内部差异方面，标准差和变异系数分别为 0.275 075 和 0.262 897，说明内部差异较小，多数交通小区的就业可达性与平均值相近。

表 4-5 昆山市中心城区小汽车可达性描述性统计

交通小区	最小值（M）	最大值（X）	平均值（E）	标准偏差	方差	变异系数
CAR 就业可达性	0.049	1.591	1.046	0.275	0.076	0.263

从频数分布直方图来看（图 4-9）呈偏右型，说明交通小区的小汽车就业可达性多集中在较高的水平上。

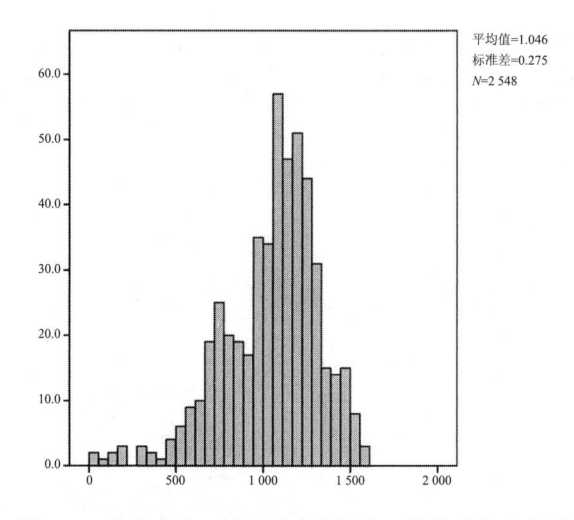

图 4-9 昆山市中心城区小汽车就业可达性分布直方图

（2）空间特征

昆山市中心城区小汽车就业可达性的空间特征为向东偏移的圈层结构，小汽车就业可达性较高的地区集中在老城区、东部新城和花桥商务区。昆山市中心城区的小汽车就业可达性呈现出中心—外围的空间特征，其分布特征不仅与小汽车出行阻抗有着一定关系，也与就业岗位的分布有关，可以提供大量岗位数的花桥商务城就业可达性也是很高的。受到交通干道的交通便利性影响，沪宁线和昆山南站附近小汽车就业可达性也较高。因为作为昆山市新的就业中心，不仅提供了大量的就业岗位，而且由于与老城区离得比较远，因此人们之间的就业竞争压力较小，从而就业可达性得到了提高。

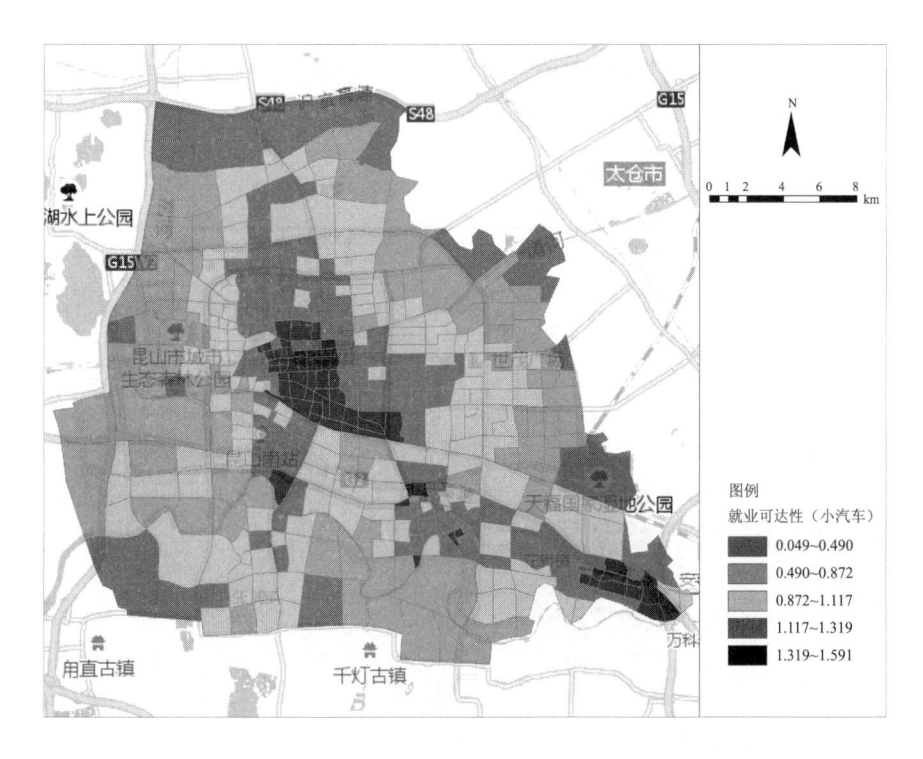

图 4–10　昆山市中心城区小汽车就业可达性

对昆山市中心城区小汽车就业可达性进行空间自相关分析，可以得到小汽车就业可达性的全局莫兰指数通过了显著性检验，说明其存在显著空间自相关性。接着通过昆山市中心城区的局部空间自相关分析，可以发现小汽车就业可达性高—高集聚区范围较广，主要集中在老城区的东部（永丰余路以东）、昆山站、昆山南站与东部新城东部（吴淞江路以西）和花桥商务区。低—低集聚区主要在西部新城、东部的天福国家湿地公园和南部新城的南端。小汽车就业可达性与就业岗位的分布和数量有一定的相互作用，就业岗位数少的地区小汽车就业可达性较差，而小汽车就业可达性差也对就业岗位的空间分布有一定的影响。

2. 公共交通就业可达性

公共交通的平均出行时间由 54 分钟到 128 分钟不等，平均出行时间为 76 分钟。空间特征呈现与公交线网分布相似的隧道效应，即沿着公交线网的就业可达性更高，在缺乏公交服务地区的可达性较低。如在北部新城运行的 1 路和 K1 路公交车改善了北部新城北门路所在交通小区的公交出行条件，比周边没有公交线网的交通小区的平均出行时间要少。公共交通平均出行时间呈现出与小汽车不同的空间特征，说明有固定的出行轨迹的公共交通受到出行高峰影响较小。

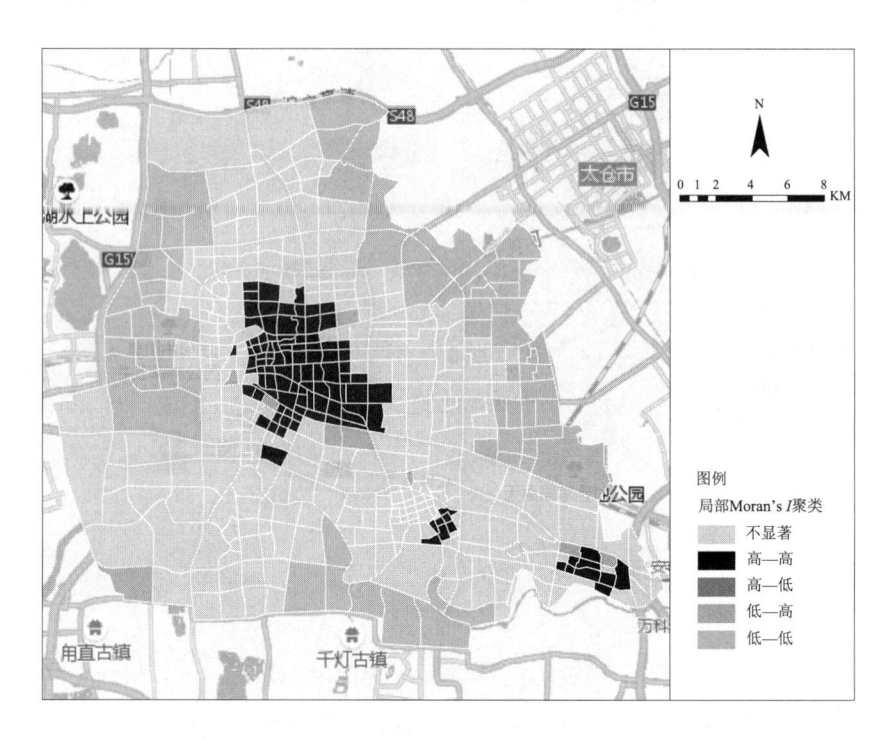

图 4-11　昆山市中心城区小汽车就业可达性局部莫兰指数聚类分析

表 4-6　昆山市中心城区公共交通平均出行时间描述性统计

交通小区	最小值	最大值	平均值	标准偏差	方差	变异系数
公共交通平均出行时间	54	128	76	820.387	673 034.235	0.178

表 4-7　昆山市中心城区公共交通平均出行距离描述性统计

交通小区	最小值	最大值	平均值	标准偏差	方差	变异系数
公共交通平均出行距离	10 222.3	27 257.076 5	15 516.34	3 575.687	12 785 537.91	0.230 447

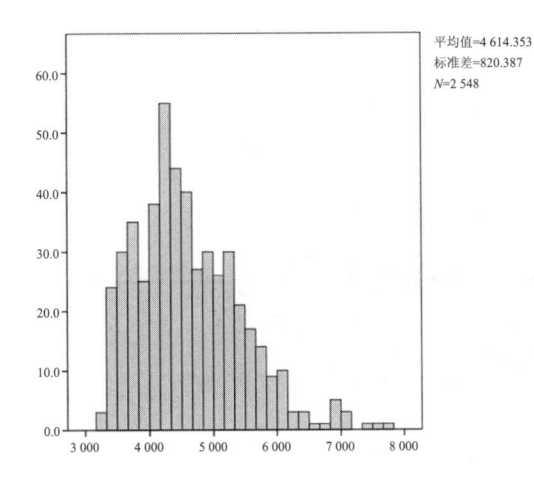

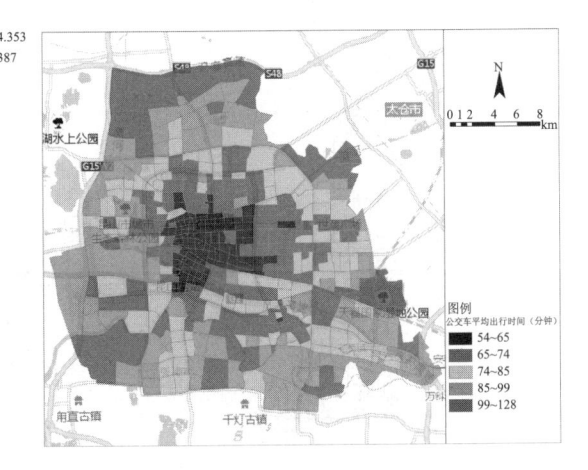

图 4–12　中心城区公共交通平均出行时间分布直方图　　图 4–13　中心城区公共交通平均出行时间

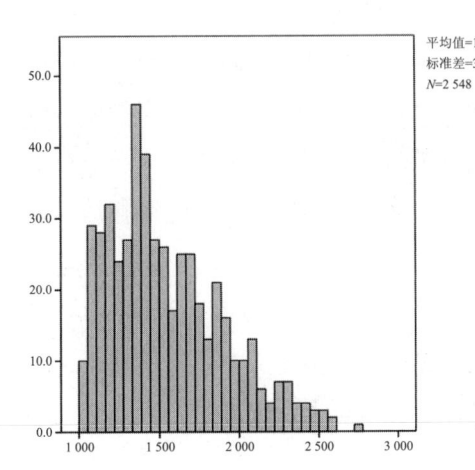

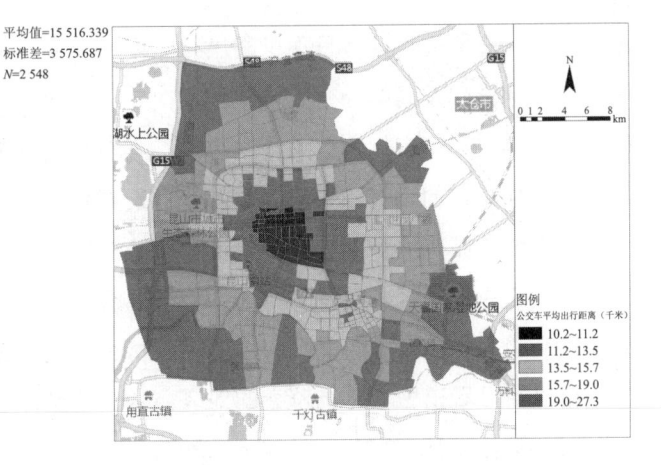

图 4–14　中心城区公共交通平均出行距离分布直方图　　图 4–15　中心城区公共交通平均出行距离图

出行距离则呈现了中心—外围的圈层结构特征，由老城区逐步向外增加，但在南部新城由于存在两条较强的公交走廊，故出行距离出现了打破原有圈层结构的轴状空间特征。出行距离减少，充分说明公共交通对于出行的影响。如果公共交通基础设施建设完善，完全可以缩小其与小汽车的差距。公共交通平均出行距离由 10 222 米到 27 257 米，平均值为 15 516 米。

表 4–8　昆山市中心城区公共交通平均出行费用描述性统计表

交通小区	最小值	最大值	平均值	标准偏差	方差	变异系数
公共交通平均出行花费	0.114 688	4.835 010 06	2.463 526	0.517 946	0.268 267 734	0.210 246

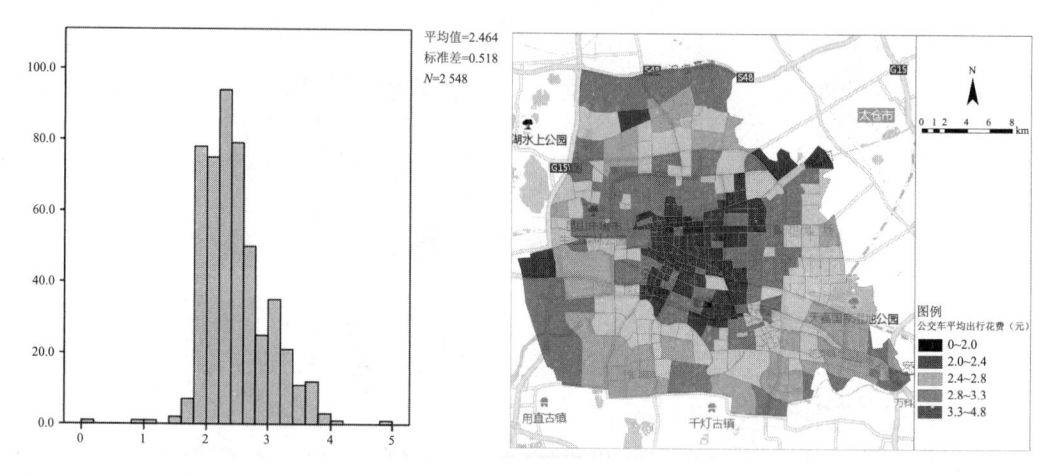

图 4–16　中心城区公共交通平均出行费用分布直方图　　图 4–17　中心城区公共交通平均出行花费

公共交通的平均花费呈现了与出行时间和距离不同的空间特征，这充分说明了线路的多样性定价。不同的公交定价政策，决定了出行花费，并不一定是出行距离越远，出行花费就越大。城市规划作为公共政策，其对于居民的城市出行特征的规划体现在对于长距离出行花费的特殊照顾，同时也是对于居住于城市边缘区居民的一种隐形补贴。因此在昆山市的城市边缘区也存在着出行花费较小的片区。

公共交通与小汽车阻抗的空间结构特征有明显的区别。小汽车阻抗呈现出圈层结构，而公共交通的阻抗则分布呈现一定的轴线特征，这与公交线路与公交站点布局有关。同时也可以明显看出公交阻抗较大的地区公共交通基础设施建设也比较薄弱。

（1）统计特征

统计分析结果显示研究区域各交通小区的公共交通可达性的范围在 0.177 141～1.638 542 之间，平均值为 1.045 901。从内部差异进行分析，标准差和变异系数分别为 0.277 787 和 0.265 596，可以发现其内部差异较小。交通小区的公共交通就业可达性与平均值相近。

表 4–9　昆山市中心城区公共交通可达性描述性统计表

交通小区	样本量	最小值	最大值	平均值	标准偏差	方差	变异系数
公共交通就业可达性	497	0.177	1.639	1.046	0.278	0.077	0.266

公共交通就业可达性的频数分布图整体呈现偏右型，这表明昆山市中心城区大多数交通小区的公共交通就业可达性都有较好的水平。

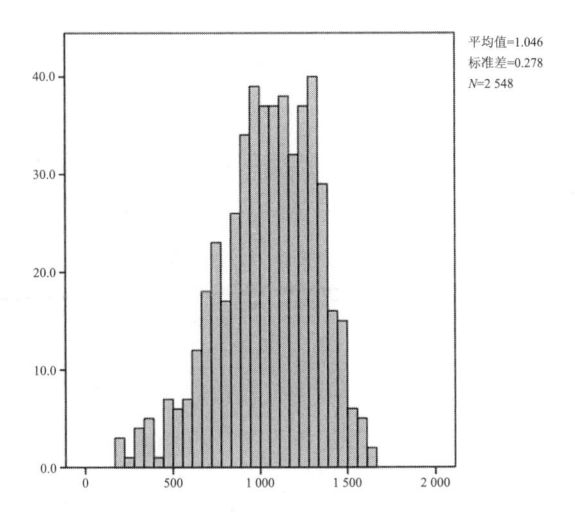

图 4-18　昆山市中心城区公共交通就业可达性分布直方图

（2）空间特征

昆山市中心城区公共交通就业可达性呈现出沿公共交通轴线由中心向四个城市副中心扩展的空间特征。公共交通就业可达性较高的地区集中在老城区、东部新城中部、南部新城南部和花桥商务区东部。公共交通就业可达性空间格局与公共交通阻抗存在着一

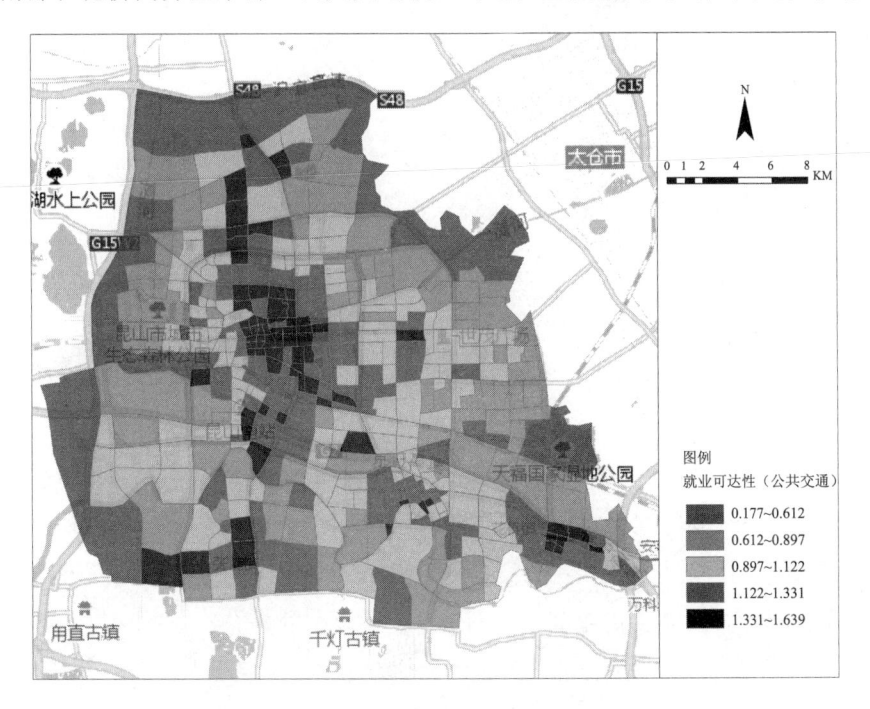

图 4-19　昆山市中心城区公共交通就业可达性

定的相似性，呈现了一定的轴线特征，但由于就业机会空间分布的影响，就业可达性的集聚中心为老城区、昆山南站和花桥商务区。南部和北部新城位于公交走廊的部分由于公共交通出行阻抗较小，因此就业可达性水平较好。值得注意的是在南部新城的部分地区也有着可达性水平较高的地区，这是因为居住人口与就业人口数相对比较协调。而远离老城区，因就业竞争压力较少，从而就业可达性水平大大提高。

对昆山市中心城区进行空间自相关分析，其全局莫兰指数为 0.509 672，P 值为 0，Z 值为 39.758 78，通过显著性检验，说明其存在显著空间自相关性。

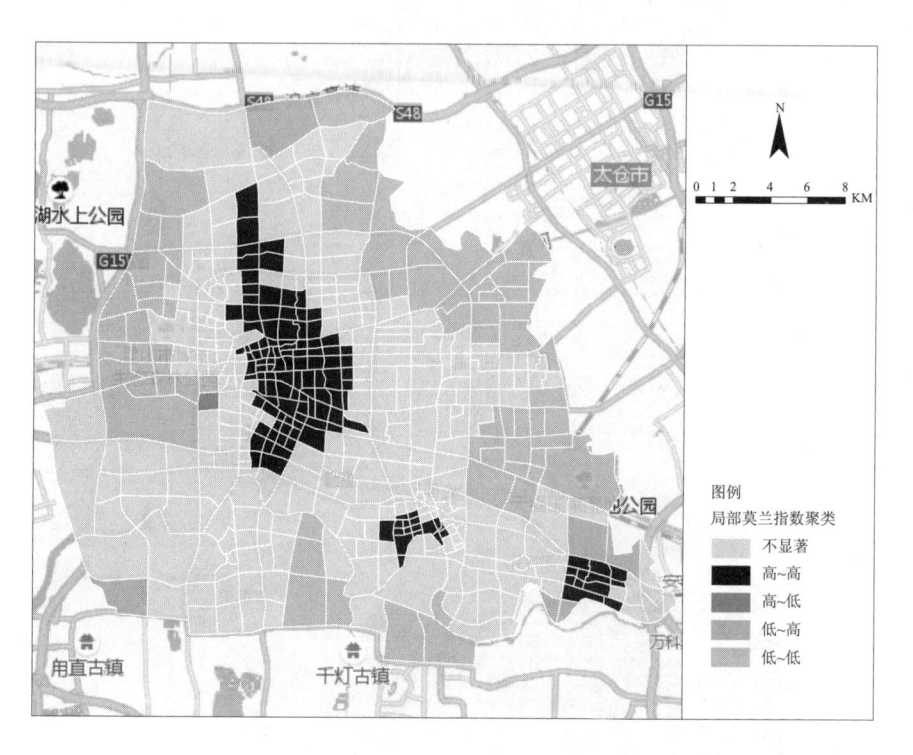

图 4-20　昆山市中心城区公共交通就业可达性局部莫兰聚类分析图

对昆山市中心城区公共交通就业可达性进行局部空间自相关分析（图 4-20）。公共交通就业可达性高—高集聚区主要由三大部分组成，集中在老城区、昆山站、昆山南站沿线与中环东线的技术产业园和花桥商务城。低—低集聚区主要在西部新城与东部的天福国家湿地公园。公共交通就业可达性不仅与交通阻抗的分布、就业岗位的分布有一定的空间关联，同时与公共交通设施的布局有一定的联系。

3. 公共交通就业可达性差距

以公共交通就业可达性从大到小进行排列，然后按照其交通小区的顺序将小汽车就业可达性的数据进行统计展示（图 4-21），通过前面分别对不同出行方式就业可达性的分析，可以知道昆山市中心城区小汽车的就业可达性要强于公共交通，但是无法具体衡量其差异，因此引入可达性差异指数（Modal Accessibility Gap，MAG），从而可以具体分析不同交通方式的可达性差异，提出具体的改善意见。

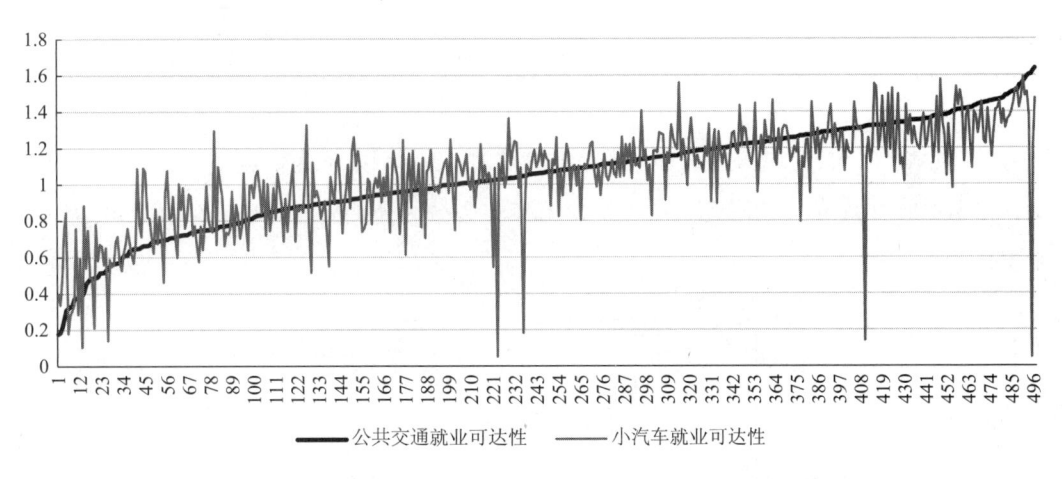

图 4-21 昆山市中心城区不同出行方式就业可达性比较

（1）不同交通方式可达性差距

杨万等（音译，Yang et al.，2017）认为明确公共交通与其他交通出行方式可达性的差距是明确城市公共交通发展状况与阶段的重要指标。在确定了差距后，则应制定相关政策来发展公交都市，逐步拉近公共交通与小汽车之间的差距。郭亮等（音译，Kwok et al.，2006）则提出了具体的可计算的可达性差距指数。这一指数将不同交通方式之间可达性差异进行了量化和标准量化，其具体的计算公式如下：

$$\text{MAG}_n = \frac{Ab_n - Ac_n}{Ab_n + Ac_n} \qquad \text{式 4-8}$$

式中：b 表示公共交通，c 表示小汽车，研究单元 n 的公共交通可达性用 Ab_n 表示，研究单元 n 的小汽车可达性用 Ac_n 表示。

由于经过了标准化处理，MAG 的值是一个介于 -1 至 1 的值。当 MAG=-1 时，代表着研究单元内没有公共交通服务；当 MAG=1 时，则代表研究单元内公共交通建设完善。

（2）统计特征

对 MAG（公共交通与小汽车）进行统计分析，可以发现 MAG 的值的范围从 −0.472 到 0.941，平均数是 0.000 61，说明昆山市中心城区两者使用水平相对接近。同时也存在公交优先区和小汽车优先区。但是从变异系数值为 8.034 122 可以看出 MAG 的空间分布不均，说明在不同交通小区对于发展不同模式交通方式的理念存在不同。

表 4-10　昆山市中心城区公共交通与小汽车就业可达性差距描述性统计表

交通小区	最小值	最大值	平均值	标准偏差	方差	变异系数
MAG（公共交通与小汽车）	−0.473	0.941	0.000 61	0.124 469	0.015 492	8.034 122

从 MAG（公共交通与小汽车）的分布直方图来看，以 0 为中点呈现较为对称的结构，多数数据集中在 0 的附近。可以说昆山市中心城区公共交通与小汽车就业可达性水平整体相近。

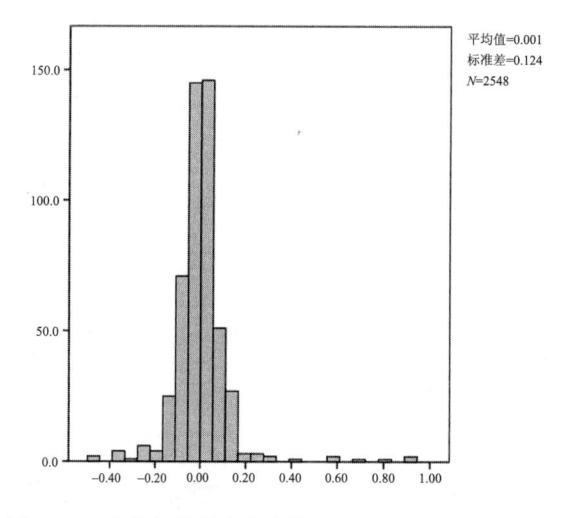

图 4-22　公共交通与小汽车就业可达性差距分布直方图

（3）空间特征

在空间方面，MAG（公共交通与小汽车）呈现出中心—边缘的特征，说明城市边缘地区的小汽车交通要优于公交，而在老城区交通基础设施完善的地区差距较小。负值较高的交通小区集中在南部新城。由于其位于城市的新区，公共交通等配套设施还处于初步建设和完善阶段，因此公共交通就业可达性较差；正值较高的交通小区集中在老城区与花桥商务区。老城为昆山市发展成熟片区,道路设施完善,相应公共交通设施配套相对完善。

通过空间自相关分析,可以得到 MAG(公共交通与小汽车)的全局莫兰指数为 0.024 052,Z 值为 2.064 341,P 值为 0,说明 MAG(公共交通与小汽车)存在比较弱的空间自相关性。

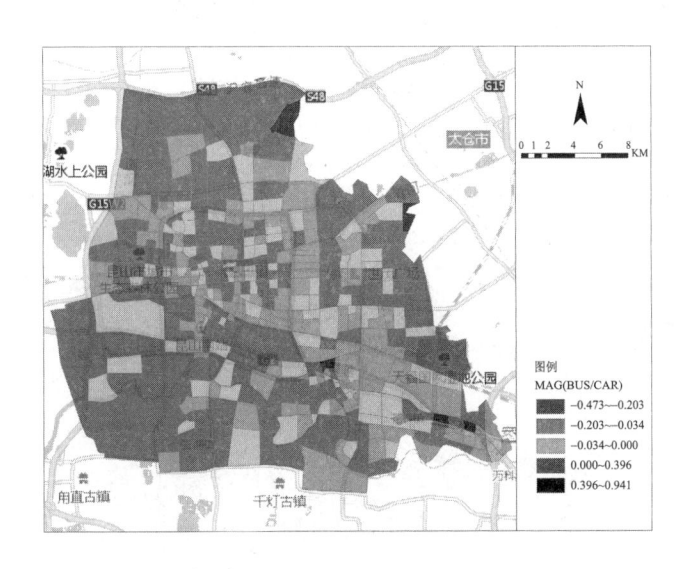

图 4–23 昆山市中心城区可达性差距空间分布

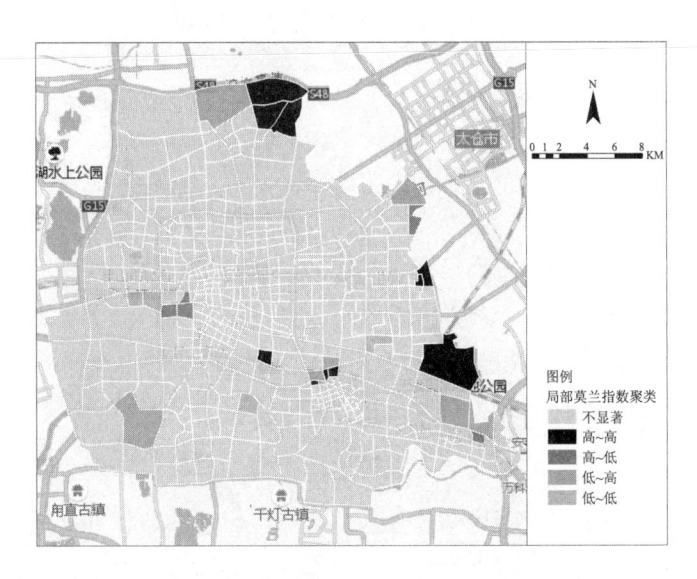

图 4–24 昆山市中心城区 MAG 局部莫兰指数聚类分析

MAG（公共交通与小汽车）的局部莫兰指数聚类如图4–24，MAG（公共交通与小汽车）的空间集聚区较为分散，整体上高—高集聚区多分布在沪宁线穿过昆山的东段沿线，即花桥商务区的城市拓展区域；低—低集聚区多分布在沪宁线穿过昆山的西段沿线，即西部副中心。这说明即使同为新城区，但是公共交通建设程度和发展状况也存在着不同，花桥商务区因为更好地协调了公共交通与小汽车发展关系，因此使得该片区交通可持续性更强，因此昆山市的新区建设过程中要着重发展公共交通，同时协调不同交通出行方式的配比。

（二）影响就业可达性的因素

就业可达性与多种因素均有关系。本研究中具体探究不同出行方式的就业可达性与城市交通基础设施建设要素、居住和就业人口分布状况的相关性，为有针对性地对每一专项提出具体建议做好理论基础。

1. 要素选取

进行相关性分析的要素主要包括3大类，15个具体要素。居住与就业人口状况的要素是：居住密度、就业密度；城市交通基础设施建设要素是：主干路密度、次干路密度、支路密度、道路总密度、公交站点数、公交站点密度；出行成本要素是：公共交通平均出行时间、公共交通平均出行距离、公共交通平均出行花费、小汽车平均出行时间、小汽车平均出行距离。

2. 相关性分析

通过相关性分析，可以得到影响不同出行方式就业可达性程度。公共交通就业可达性与公共交通平均出行时间和距离呈现负相关的关系，出行时间和距离越长公共交通就业可达性就越差，而居住密度、就业密度、公交站点密度和各种等级道路密度与公共交通就业可达性呈现正相关。其中居住密度、就业密度和公交站点密度相关性更强，说明要改善公共交通就业可达性要提高居住与就业密度，同时要大力建设公共交通基础设施。

小汽车就业可达性相比公共交通就业可达性而言，与居住密度、就业密度和道路密度的相关性略低，这与小汽车的机动性有关。小汽车出行能力最强，在一定出行时间内出行范围更广，因此受到外界因素影响较小，本身最具有竞争力。

表 4–11 昆山市中心城区不同出行方式就业可达性相关性分析表

	公共交通就业可达性	小汽车就业可达性
居住密度	0.429**	0.405**
就业密度	0.414**	0.406**
主干路密度	0.249**	0.209**
次干路密度	0.258**	0.296**
支路密度	0.283**	0.292**
道路总密度	0.382**	0.387**
公交站点数	0.213**	0.175**
公交站点密度	0.401**	0.363**
公共交通就业可达性	1	0.769**
小汽车就业可达性	0.769**	1
公共交通平均出行时间	−0.667**	−0.663**
公共交通平均出行距离	−0.508**	−0.520**
公共交通平均出行花费	−0.311**	−0.355**
小汽车平均出行时间	−0.203**	−0.305**
小汽车平均出行距离	−0.459**	−0.562**

注：**代表在置信度（双测）为 0.01 时，相关性是显著的。

*代表在置信度（双测）为 0.05 时，相关性是显著的。

通过使用潜力模型以交通小区为研究单元，对昆山市中心城区进行不同出行方式的就业可达性研究，从数据与空间分析两个层面得到研究结果，最终与可能影响就业可达性的因素进行相关性分析。为了从更小的研究单元对昆山市中心城区就业可达性进行全面分析，接下来将以基站为研究单元，使用机会累积模型进行就业可达性分析。

三、基于机会累积的就业可达性分析

机会累积模型是指在特定距离或时间内可以获得工作机会的数量。本研究利用高德地图 API 路径规划功能，分别计算各基站质心之间使用不同交通工具所消耗的时间、距离和花费，将每个基站质心到其他所有基站质心的阻抗取平均值。选取的最小研究单元为基站，首先根据昆山市居民出行调查确定不同出行方式的时间阈值，小汽车和公交车分别取 15 分钟、30 分钟、45 分钟；其次计算在一定时间阈值下，每个基站可以获得的

就业岗位数；最后通过不同时间阈值就业可达性的对比来挖掘公共交通薄弱区。

（一）小汽车就业可达性

昆山市中心城区小汽车平均出行时间为 29 分钟，出行时间的区间为 19 到 51 分钟。由于研究单元为基站服务范围，空间特征稍显破碎，但是可以精细地确定每一个研究单元的具体数值，便于较为准确且有针对性地制定改善措施。

表 4–12　昆山市中心城区小汽车平均出行时间描述性统计表

基站	最小值	最大值	平均值	标准偏差	方差	变异系数
小汽车平均出行时间	19.227	51.112	29.175	4.704	22.13	0.161

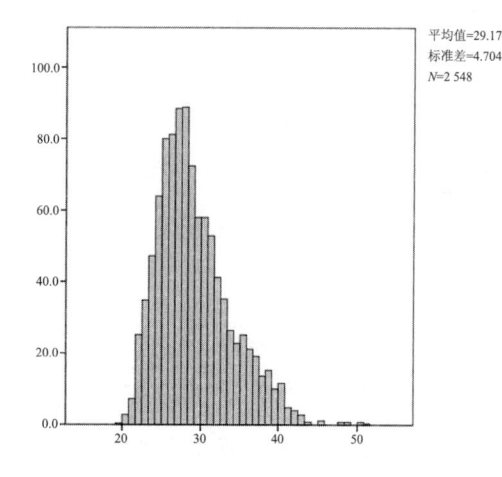

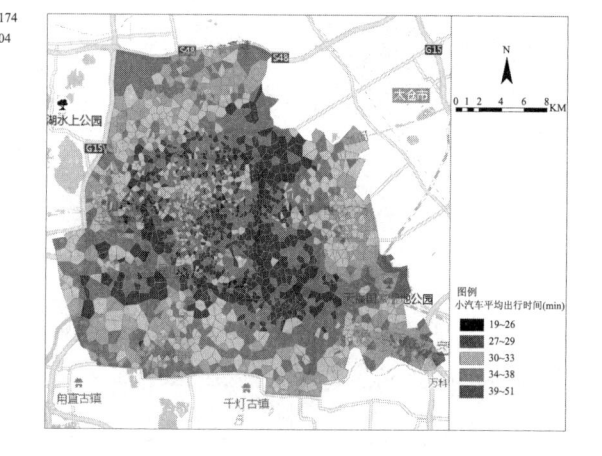

图 4–25　中心城区小汽车平均出行时间分布直方图　　图 4–26　中心城区小汽车出行平均时间

昆山市中心城区小汽车出行的整体空间特征大致为中心—外围的结构，但是可以看出沿着快速路沿线的出行时间更短。早高峰时段老城区道路拥堵，老城区外围的快速路呈现出较好的出行环境。分别基于基站和交通小区爬取的出行成本在空间上的整体特征相似，但是基于基站进行爬取的数据量更大，由于研究单元较小（老城区基站服务半径不大于 400 米，外围地区不大于 1 000 米），因此比传统使用街道数据来进行分析更为精确。

1. 统计特征

通过统计不同时间阈值下每个基站的小汽车就业可达性的平均值、最小值、最大值、标准差和变异系数，来反应随着出行时间的增加小汽车可获得的就业潜力的大小。可以看出随着出行时间的增加，小汽车就业可达性越来越大，内部差异越来越小。

表 4–13　昆山市中心城区小汽车就业可达性差距描述性统计表

小汽车就业可达性	最小值	最大值	平均值	标准偏差	方差	变异系数
15 分钟	3	371 780	122 449	61 032.2	3 724 934 273.9	0.498
30 分钟	81 887	1 203 088	683 535	224 215.7	50 272 689 414.5	0.328
45 分钟	249 945	1 290 355	1 171 037	127 159.2	16 169 469 550.4	0.109

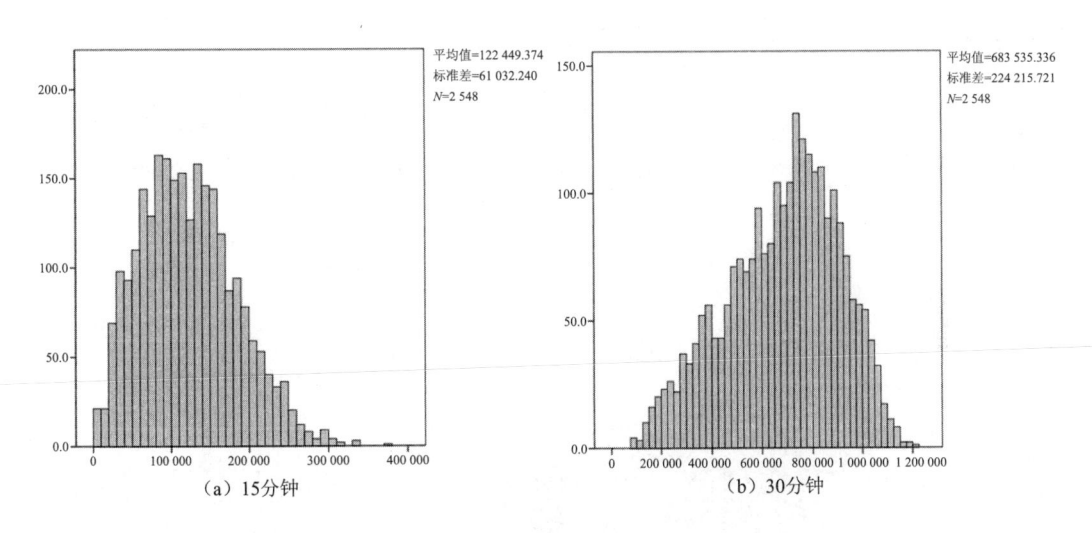

图 4-27　昆山市中心城区小汽车就业可达性差距分布直方图

小汽车出行 15 分钟和 30 分钟的直方图的整体趋势是随着就业可达性先增加后减小，随着出行时间的增加相应的就业机会也跟着增加。

小汽车出行 45 分钟的直方图整体趋势是随着就业可达性增加而频数增加的偏右型。各个基站的小汽车就业可达性多集中在较高的水平上。同时也反映了小汽车的出行优势，可以获得大部分的就业机会。

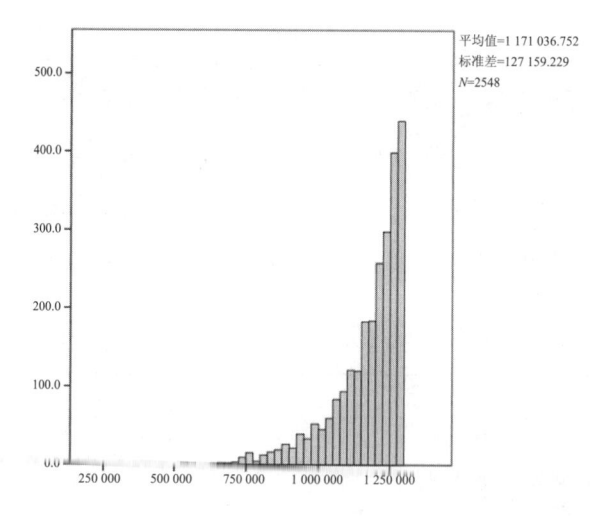

图 4–28　昆山市中心城区小汽车（45 分钟）就业可达性差距分布直方图

2. 空间特征

在空间分布方面，随着出行时间阈值的增加，昆山市中心城区小汽车就业可达性沿着沪宁线呈现出双中心结构的空间特征越来越明显。昆山市中心城区小汽车阻抗对就业

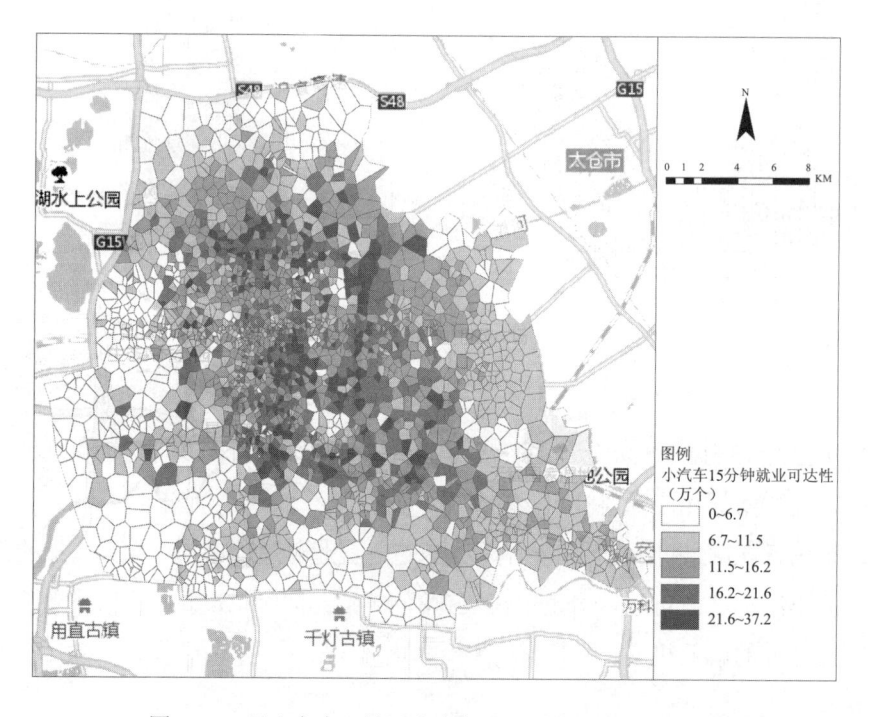

图 4–29　昆山市中心城区小汽车（15 分钟）就业可达性

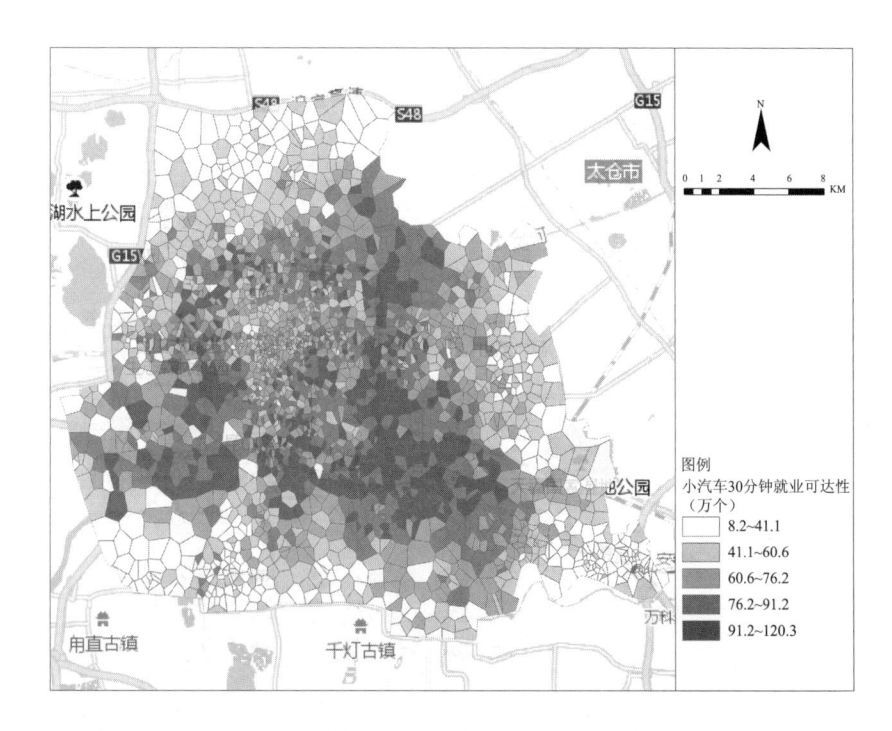

图4-30 昆山市中心城区小汽车（30分钟）就业可达性

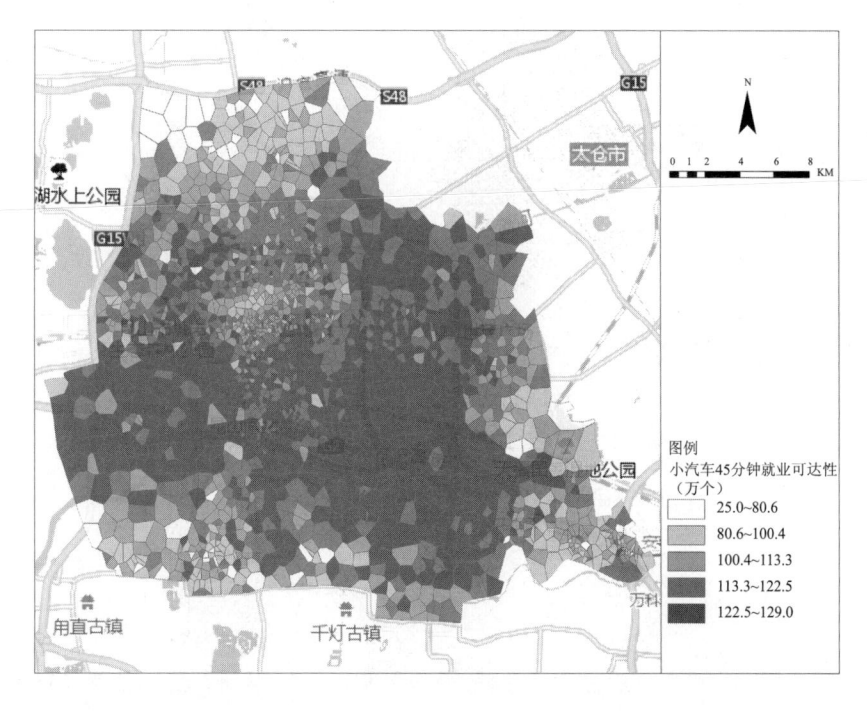

图4-31 昆山市中心城区小汽车（45分钟）就业可达性

可达性的空间格局有着一定的影响，沿着快速路沿线就业可达性高。小汽车就业可达性不仅与就业机会的空间分布有关，也与早高峰小汽车出行情况有关。小汽车出行能力本来就很强，因此出行的拥堵程度影响人们获取就业机会的能力。如老城本来就业就会较多，但是早高峰较为拥堵，小汽车平均出行时间较长，因此就不是小汽车就业可达性最高的地区。

对小汽车45分钟就业可达性的全局自相关分析，通过了显著性检验。而后对昆山市中心城区小汽车就业可达性进行局部空间自相关分析（图4–32）。小汽车就业可达性高—高集聚区主要集中在老城南部和东部新城的西部（如昆山市的机械制造中心），主要沿着中环高架的东线。低—低集聚区则位于北部新城与南部新城的边缘地区和花桥商务区的大部。

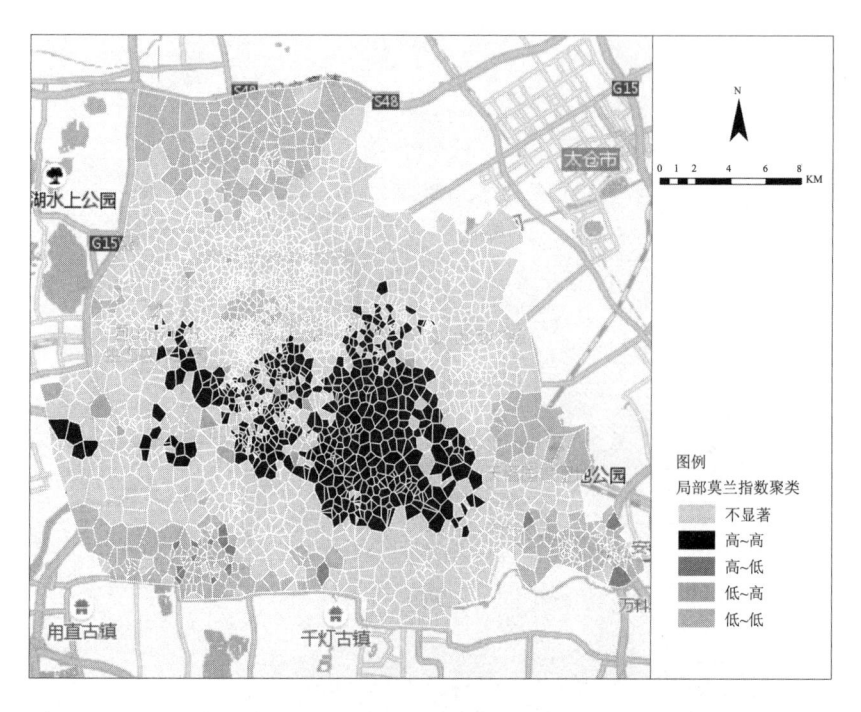

图4–32　昆山市中心城区小汽车（45分钟）就业可达性局部莫兰指数聚类分析

（二）公共交通就业可达性

公共交通出行时间则要明显大于小汽车，最小值为51分钟，最大值为155分钟，平均值为75分钟。其空间特征则呈现沿公交线网由中心向外围扩展，与居住人口分布状况较为符合，也侧面反应了昆山市公共交通设施布局的一定合理性。

表 4-14　昆山市中心城区公共交通平均出行时间描述性统计表

基站	最小值（M）	最大值（X）	平均值（E）	标准偏差	方差	变异系数
公共交通平均出行时间	51	155	75	14.168	200.754	0.186

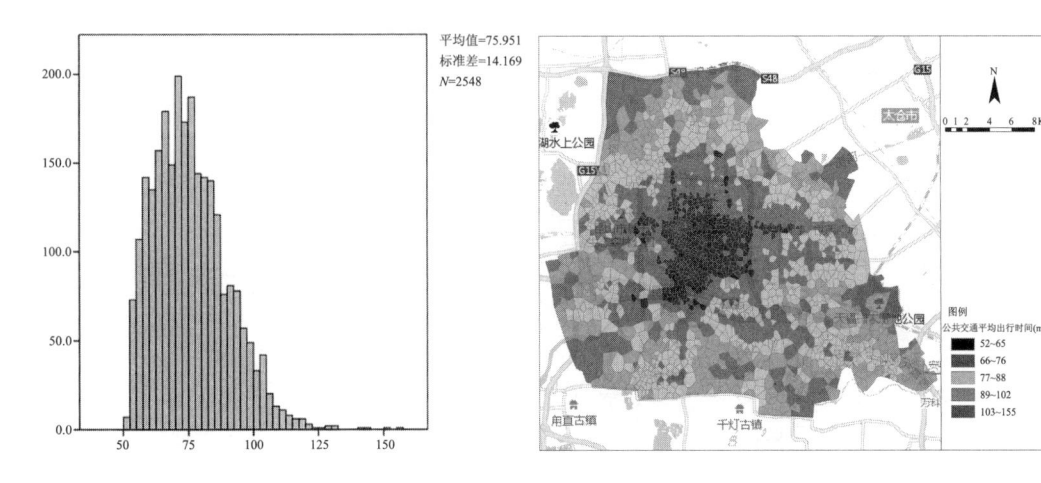

图 4-33　中心城区公共交通平均出行时间分布直方图　　图 4-34　中心城区公共交通出行平均时间

1. 统计特征

通过分别统计公共交通 15 分钟、30 分钟和 45 分钟的就业可达性的平均值、最小值、最大值、标准差和变异系数，可以看出公共交通与小汽车在就业可达性方面的巨大差距。

表 4-15　昆山市中心城区公共交通就业可达性差距描述性统计表

公共交通就业可达性	最小值	最大值	平均值	标准偏差	方差	变异系数
15 分钟	0.000	43 703.0	4 915.9	4 698.0	22 071 826.8	0.956
30 分钟	63.800	158 522.7	31 746.2	31 303.9	979 934 983.1	0.986
45 分钟	765.600	484 856.8	152 404.9	112 774.9	12 718 188 322.3	0.740

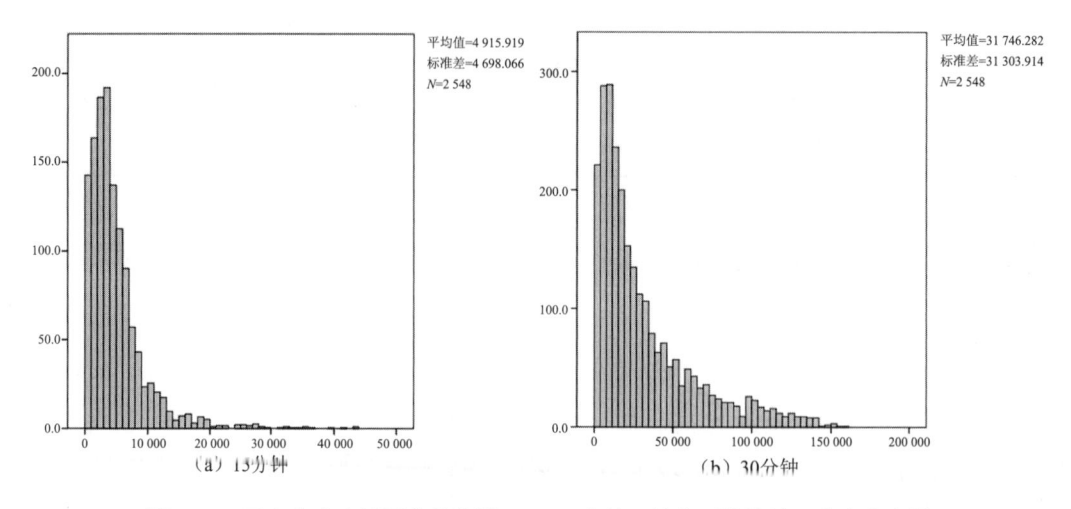

图 4–35 昆山市中心城区公共交通（15/30 分钟）就业可达性差距分布直方图

15、30 分钟阈值下的公共交通就业可达性直方图呈现先增加后减少的趋势，说明人们使用公共交通获取就业机会的能力先增加后减少，整体就业可达性水平较低。

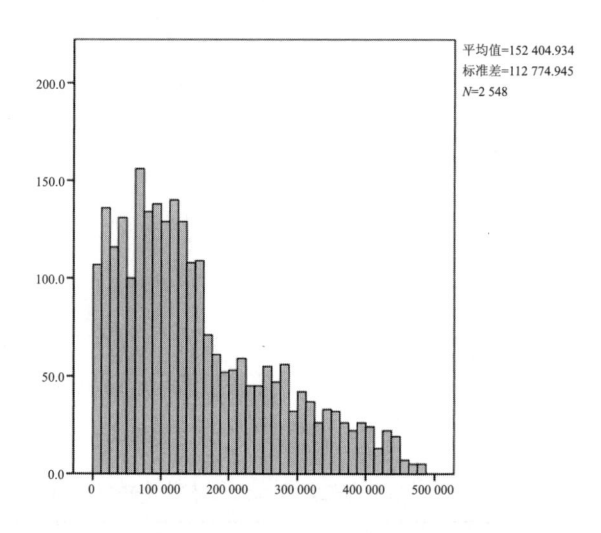

图 4–36 昆山市中心城区公共交通（45 分钟）就业可达性差距分布直方图

45 分钟阈值下的公共交通就业可达性直方图呈现低值稳定然后减少的趋势，说明人们使用公共交通获取就业机会的能力随着出行时间的增加获得就业机会的能力没有跟着增加，与小汽车就业可达性呈现了不同的趋势，充分证明了小汽车与公交车在获取就业机会能力上的差异。

2. 空间特征

昆山市中心城区公共交通就业可达性呈现出明显的轴状结构，随着出行阈值的增加，轴状的空间结构更加明显。公共交通就业可达性较高的地区集中在老城区，并沿着公交轴线向东西南北四个新城片区延伸，呈现了"十字"的空间特征。但是同时沿着沪宁线，在花桥商务城公共交通可达性较大，这不仅与公共交通设施建设水平有关，也与花桥的就业岗位数有关。在一定的出行时间阈值内能获得的就业岗位数越多，可达性就要越好。因此在城市边缘区就业岗位数不多且公共交通基础设施不发达，可达性就不高。

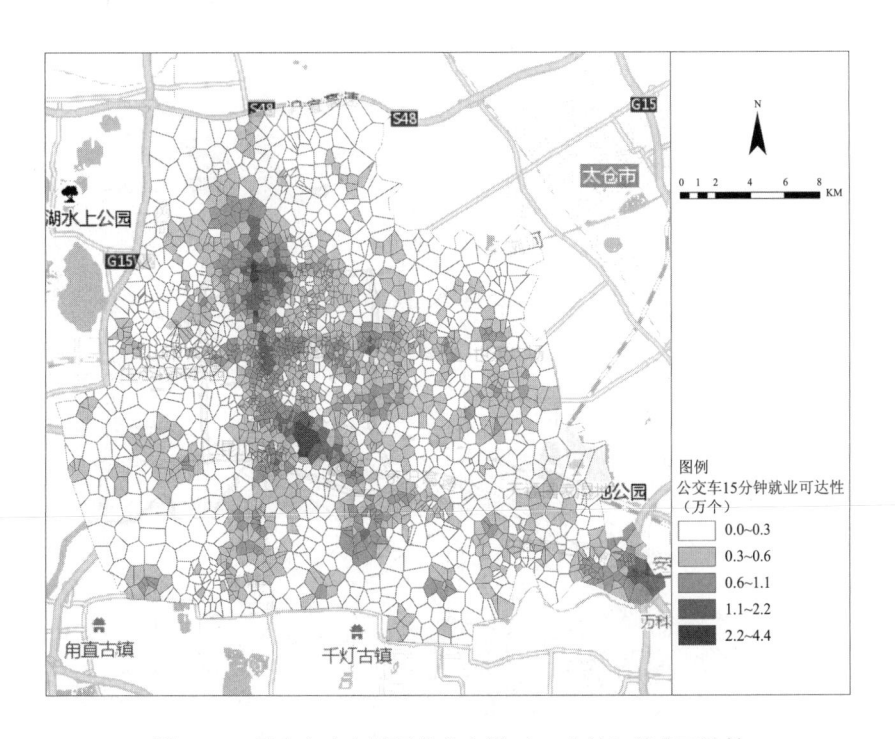

图4-37　昆山市中心城区公共交通（15分钟）就业可达性

根据公共交通30分钟就业可达性空间自相关分析结果，公共交通就业可达性莫兰指数为1.399 262，Z值为259.853 425，P值为0，通过显著性检验，说明存在显著空间自相关性。对昆山市中心城区公共交通就业可达性进行局部空间自相关分析（图4-40）发现，公共交通就业可达性高—高集聚区在老城区与花桥商务区；低—低集聚区则在公交轴线的两侧。

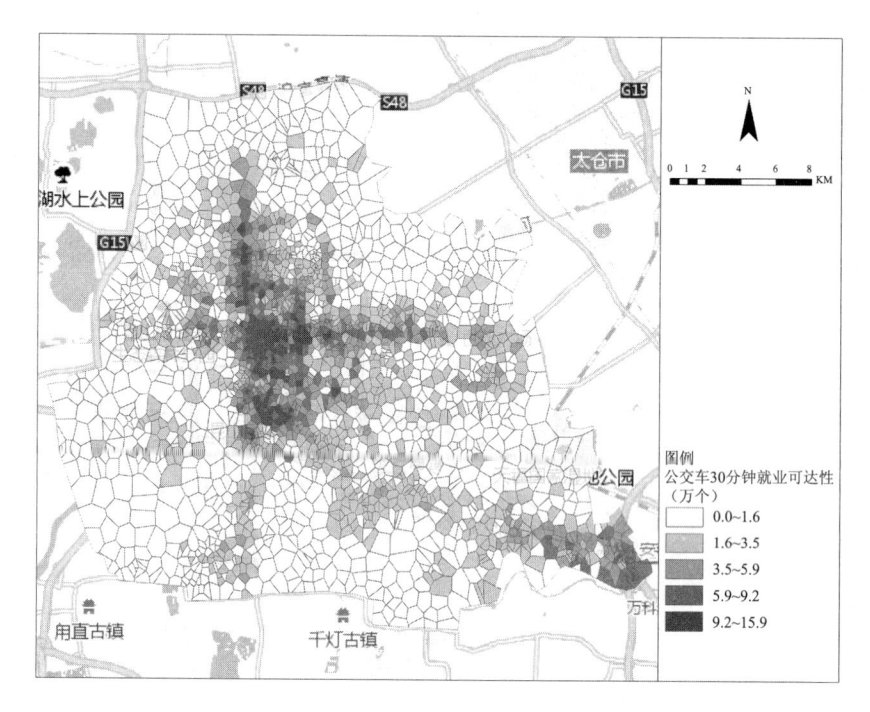

图 4-38　昆山市中心城区公共交通（30 分钟）就业可达性

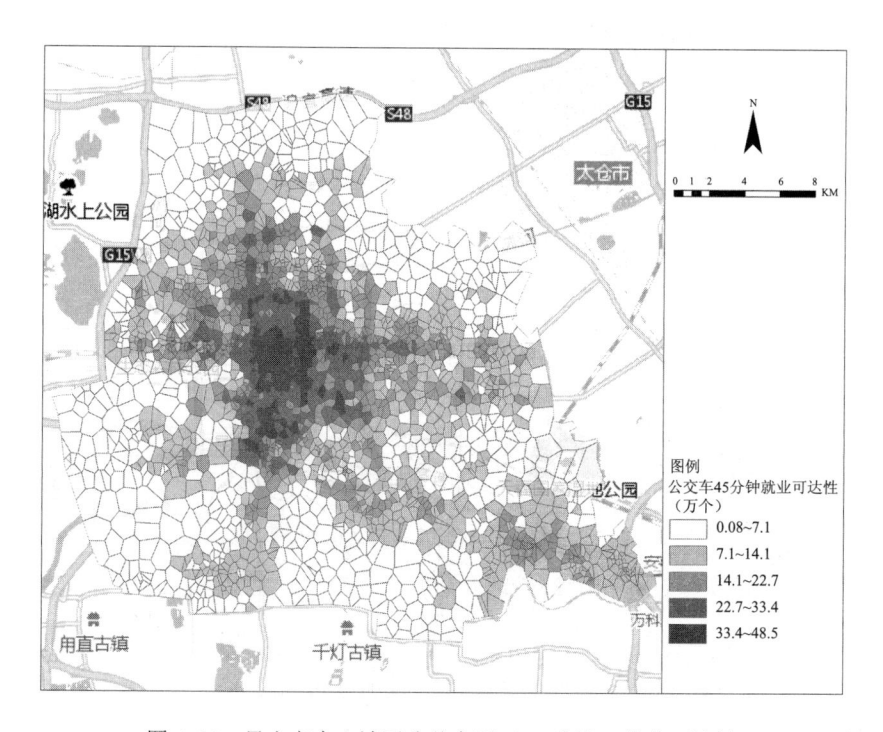

图 4-39　昆山市中心城区公共交通（45 分钟）就业可达性

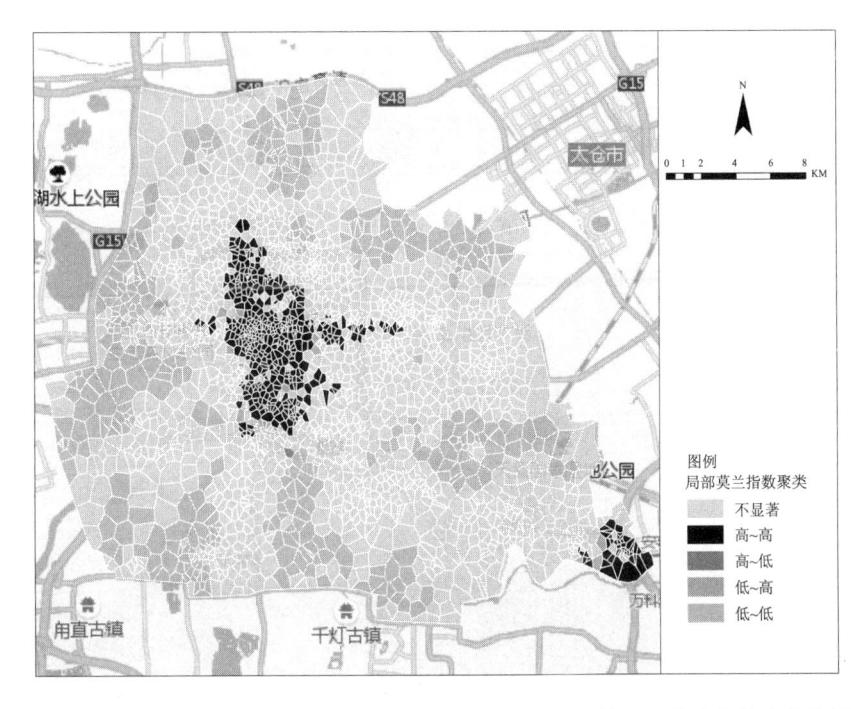

图 4-40　昆山市中心城区公共交通（30 分钟）就业可达性局部莫兰指数聚类分析

（三）公共交通就业可达性差距

1. 公共交通优先度

为了更好地反映每个研究单元的公共交通的相对优先状况，本研究设定公共交通相对优先度（P）指高峰时段，公交车与小汽车平均出行时间的比值的计算公式如下：

$$P = \frac{Ab}{Ac} \qquad \text{式 4-9}$$

其中：Ac 表示小汽车高峰时段平均出行时间，Ab 表示公共交通高峰时段平均出行时间，P 值越小表示区域内公共交通在与小汽车竞争中优势更为明显。

（1）统计特征

通过描述性统计，可以得到 P 的最小值为 1.591，最大值为 5.323，平均值为 2.629，小汽车要比公共交通就业可达性水平高。变异系数为 0.169，说明公共交通与小汽车的就业可达性差异程度较高，在不同区域的交通方式匹配各有侧重，但是小汽车整体要优于公共交通。

表 4-16　昆山市中心城区公共交通优先度描述性统计表

基站	最小值	最大值	平均值	标准偏差	方差	变异系数
公共交通优先度	1.591	5.323	2.629	0.446	0.199	0.169

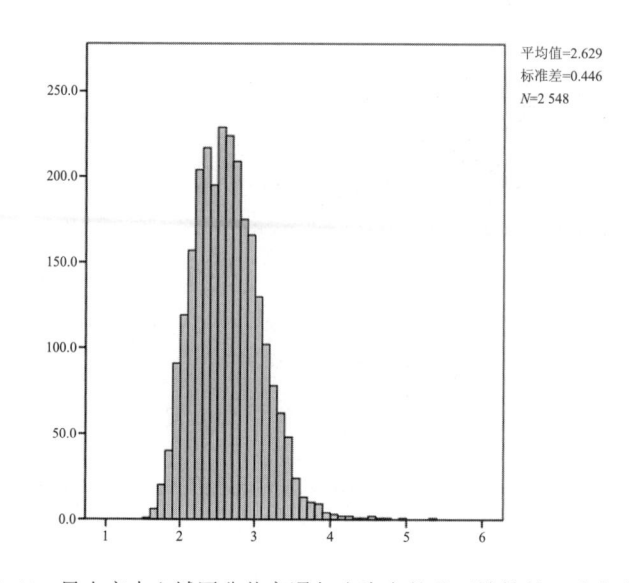

图 4-41　昆山市中心城区公共交通与小汽车就业可达性差距分布直方图

公共交通优先度的直方图基本以中值 2.629 对称分布，可以看出小汽车要比公共交通的平均出行时间要短，因此小汽车比公共交通更具有出行竞争力。

（2）空间特征

在空间方面，公共交通优先度呈现出中心—边缘的特征。在老城区大部公共交通都有一定的竞争力；而在城市边缘地区，小汽车的优势很明显，尤其是在北部新城的东边、西部新城的西边和南部新城的南边，小汽车的竞争力明显要强于公共交通。但是公交走廊沿线的公共交通的竞争能力有所提高，因此城市公共交通设施的提升对于公交优先至关重要。

通过空间自相关性分析，可以得到公共交通优先度（P）全局莫兰指数为 0.718 536，Z 值为 133.455，P 值为 0，因此存在空间相关性。

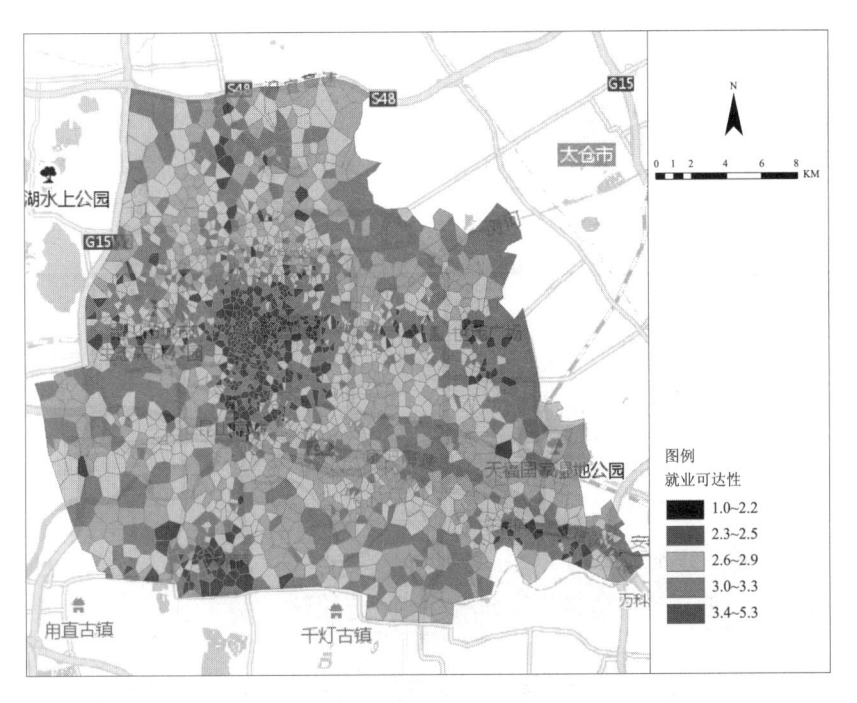

图 4-42　昆山市中心城区公共交通与小汽车就业可达性对比

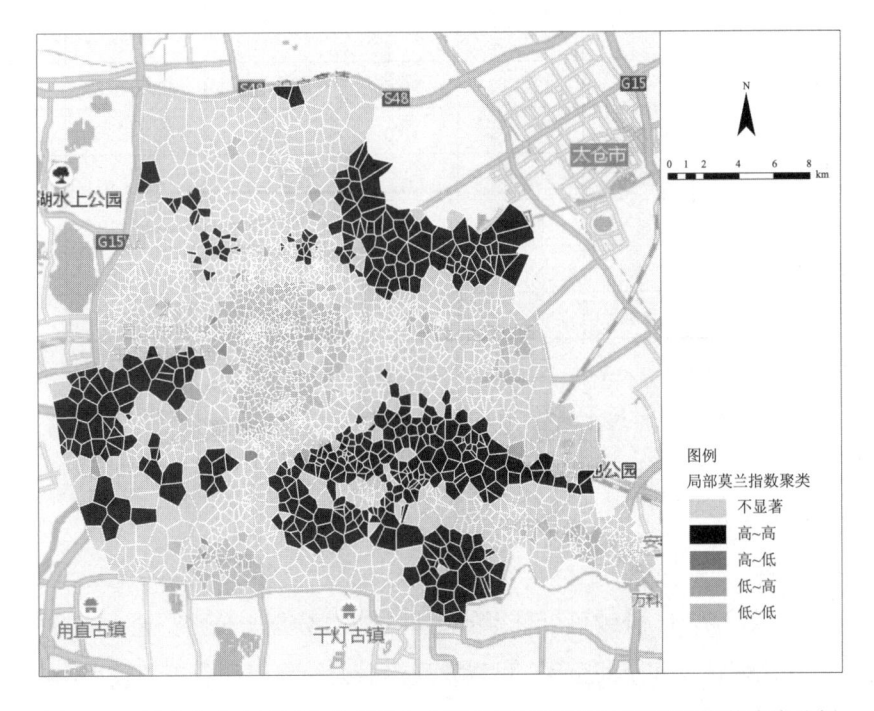

图 4-43　昆山市中心城区公共交通与小汽车出行时间比局部莫兰指数聚类分析

2. 公共交通就业可达性差距

通过前面的分析可以知道公共交通的出行能力与小汽车有着巨大的差异，从而导致获取就业机会的能力也会有所差距。因此选择小汽车的就业可达性与公共交通就业可达性的比值来代表两种出行方式获得就业机会的差距。具体公式定义为：

$$P = \frac{Acar}{Abus} \qquad \text{式 4-10}$$

其中：$Acar$ 表示小汽车高峰时段的就业可达性，$Abus$ 表示公共交通高峰时段的就业可达性，P 值越小表示区域内公共交通在与小汽车竞争中差距越小。

（1）统计特征

在具体统计时，分别将小汽车 15 分钟、30 分钟、45 分钟与公共交通 15 分钟、30 分钟、45 分钟的就业可达性值进行排列组合后进行比较。

表 4-17 昆山市中心城区公共交通与小汽车不同时间阈值就业可达性差距描述性统计表

小汽车与公共交通就业可达性之比	最小值	最大值	平均值	标准偏差	方差	变异系数
C15/B15	0.0	25530.7	90.5	789.4	623 076.8	8.7
C15/B30	0.0	1 327.3	10.6	36.4	1 326.7	3.4
C15/B45	0.0	82.0	1.5	2.9	8.2	1.9
C30/B30	2.2	15 945.8	78.9	375.0	140 610.1	4.8
C30/B45	1.0	853.9	10.9	26.2	687.5	2.4
C45/B45	2.1	1 625.3	21.7	54.8	3 002.0	2.5

可以发现，当公共交通与小汽车出行时间相同时，出行时间越长，就业可达性的差距就越小；当公共交通出行时间比小汽车出行时间长的时候，出行时间差距越大，就业可达性的差距就越小。

（2）空间特征

首先以小汽车出行 15 分钟可以获得的就业岗位数分别与公共交通 15 分钟、30 分钟和 45 分钟进行比值计算和空间呈现，可以发现沿着公交走廊两者差距较小，随着公共交通出行时间的增加，两者的差距会缩小，但是总的来说小汽车就业可达性要比公交车强很多。在老城区和花桥商务城有明显的两个差距较小的中心，说明在这两个中心，就业岗位数较多且公共交通与小汽车交通发展比较均衡。

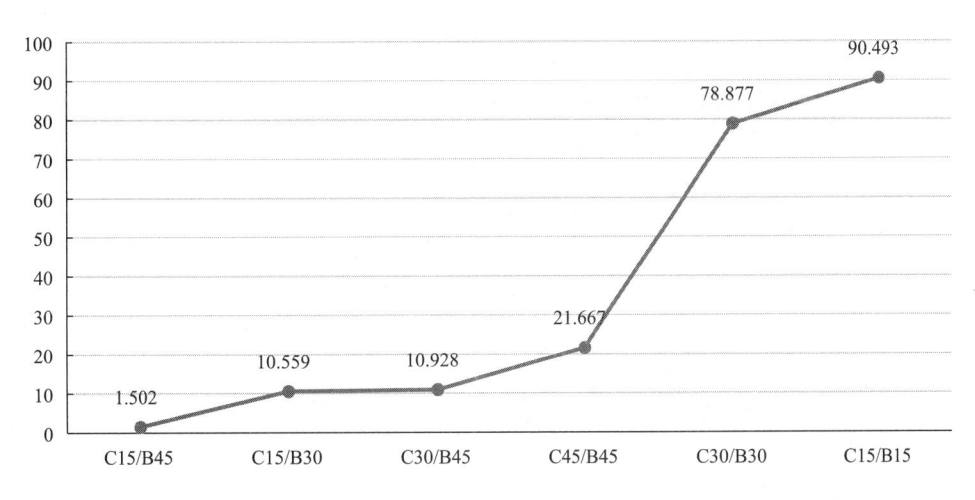

图 4-44　昆山市中心城区公共交通与小汽车不同时间阈值平均就业可达性差距

当用小汽车出行 30 分钟的就业可达性与 30 分钟和 45 分钟的公共交通就业可达性进行比较时，可以发现，随着小汽车出行时间的增加，其可以获得的就业岗位数增长的速度比公共交通要快，因此两者之间的差距更大。整体呈现两个差距较小的中心，一个是发展成熟的老城区，另一个是与上海有着较好联系的花桥商务区。

最后用小汽车出行 45 分钟与公共交通出行 45 分钟的就业可达性进行对比，可以发现两者差距拉得更大，整体呈现十字+沪宁线的空间特征。

通过不同时间阈值下两种交通方式就业可达性的对比，可以发现与出行时间比有着类似的空间分布特征，但是与就业岗位的空间和数量分布也有着重要关系，就业中心的不同交通方式的就业可达性的差距就会小一些，因此要提升一个地区的公共交通就业可达性不仅要大力发展公共交通，还要注重就业岗位的合理配置。

使用累积模型计算就业可达性是一种计算方便的方法，由于选择的研究单元较小，可以精确地了解每个研究单元的就业可达性，但是较难看出空间分布的整体特征。

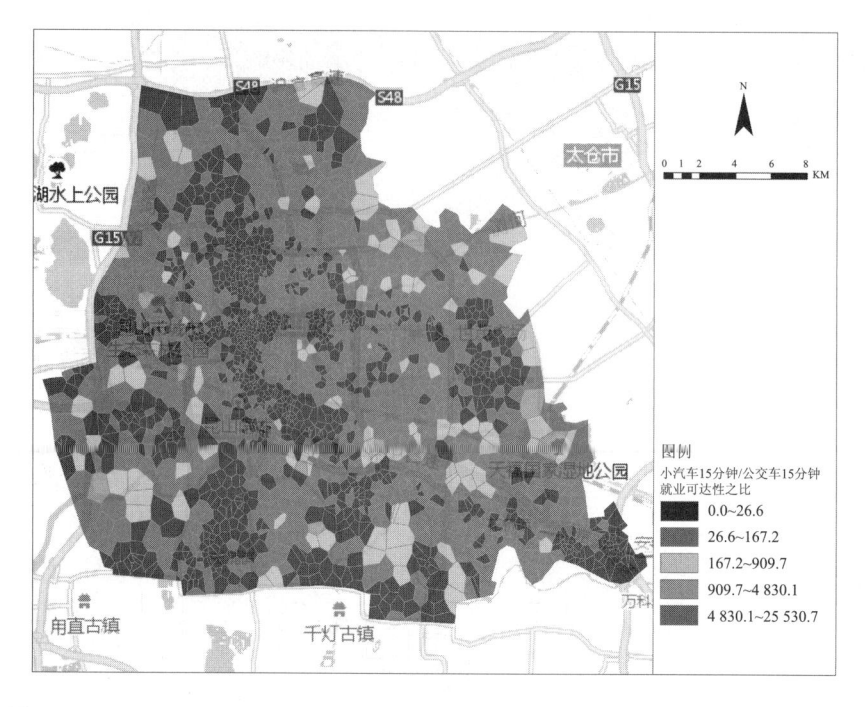

图 4–45　昆山市中心城区小汽车（15 分钟）与公共交通（15 分钟）就业可达性对比

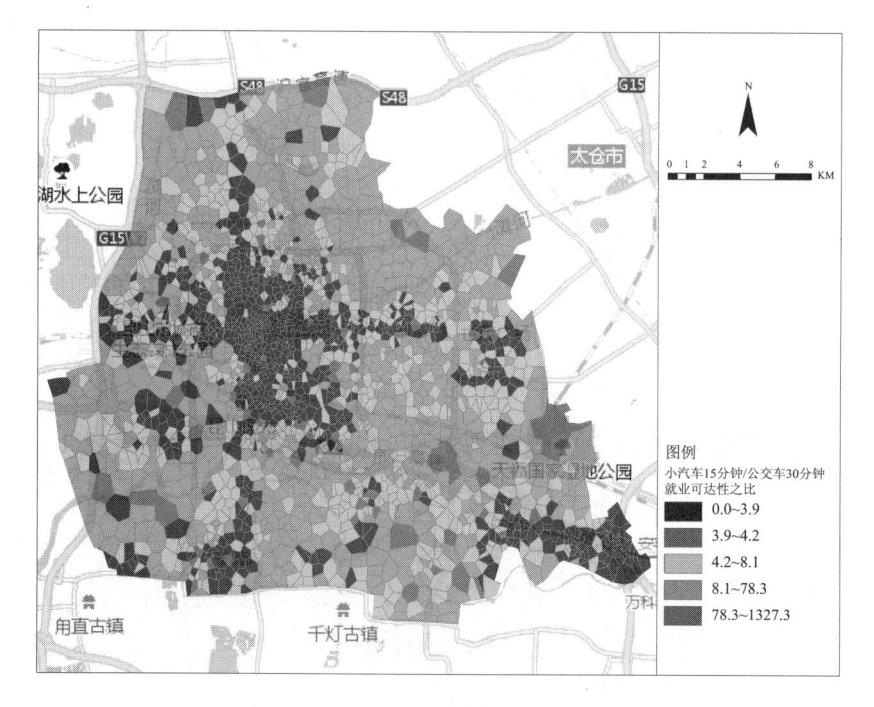

图 4–46　昆山市中心城区小汽车（15 分钟）与公共交通（30 分钟）就业可达性对比

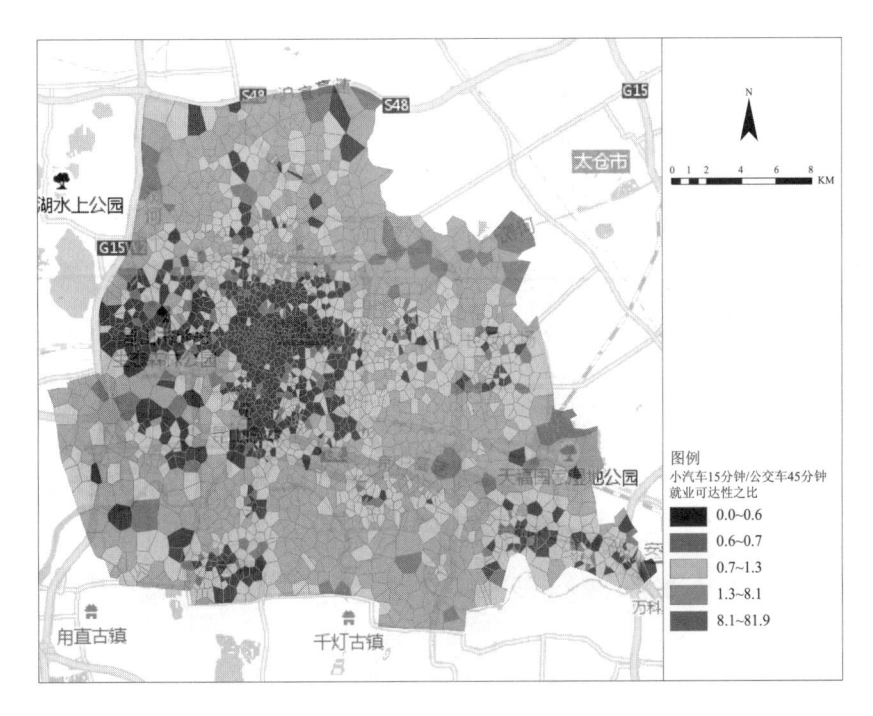

图 4–47　昆山市中心城区小汽车（15 分钟）与公共交通（45 分钟）就业可达性对比

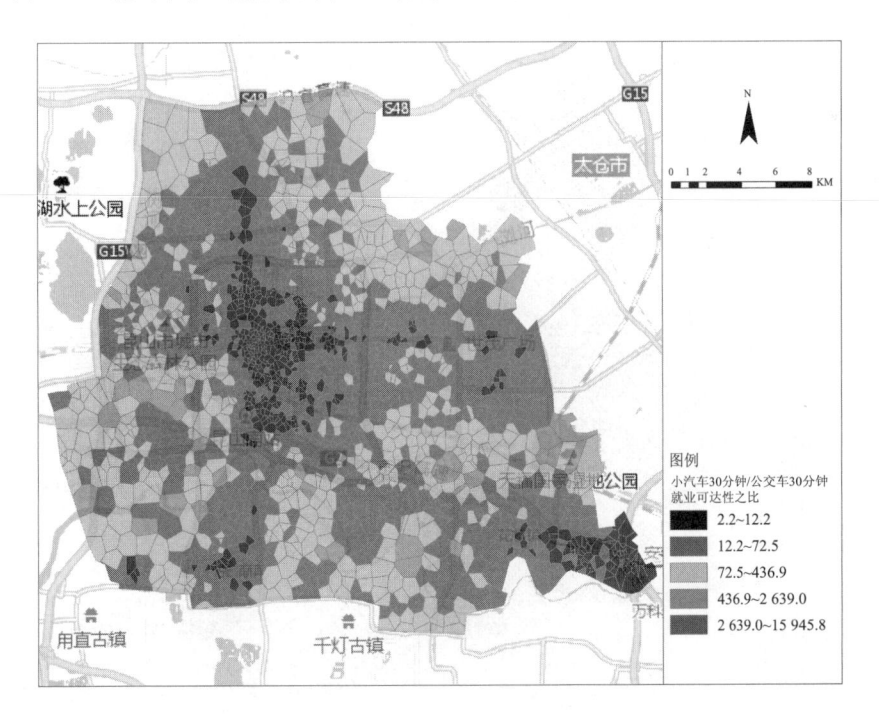

图 4–48　昆山市中心城区小汽车（30 分钟）与公共交通（30 分钟）就业可达性对比

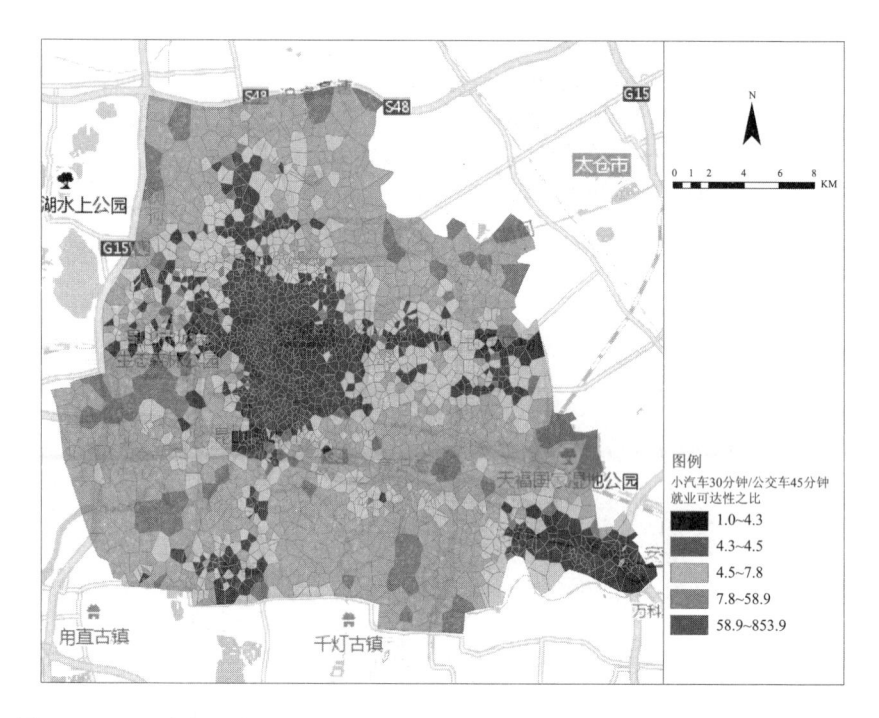

图 4-49　昆山市中心城区小汽车（30 分钟）与公共交通（45 分钟）就业可达性对比

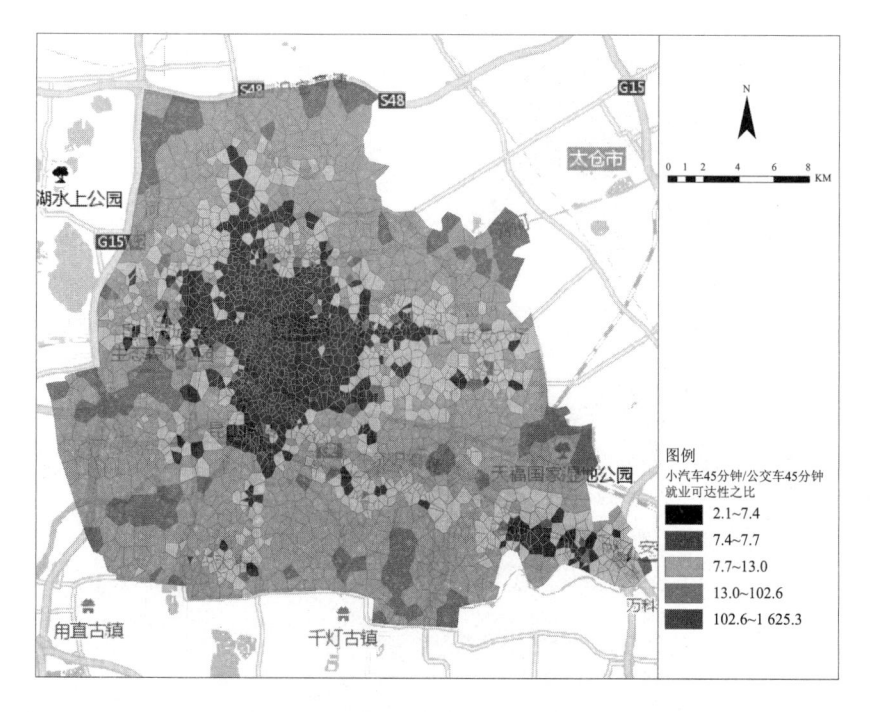

图 4-50　昆山市中心城区小汽车（45 分钟）与公共交通（45 分钟）就业可达性对比

第四节 结 论

一、概念和研究方法

就业可达性对于城市空间结构和设施布局有着一定的影响，同时城市规划对于就业可达性也有反作用。首先在空间层面，随着城市不断扩张，就业可达性会随着城市结构的改变，可能呈现出多中心的空间形态。其次是影响就业可达性的因素，由于中西方发展背景不同，西方主要的影响就业可达性的因素有：种族、人口密度、家庭结构、教育水平、机动车拥有量等。在中国，种族问题并不明显，但是政策导向下的发展模式，使得一些城市居住与就业空间分布不符合城市发展规律，因此，在中国的就业可达性研究中，要充分考虑政策的原因。再次就是就业可达性的分析方法，现在常用的就业可达性测算模型为机会累积和潜能模型。两种方法均有自己的优势与不足，在具体研究场景下，应该选择适合的模型进行分析。

就业可达性研究的初期，研究者就直接将居住地到就业地的出行时间作为就业可达性。国内研究集中在大城市，对于中小城市的就业可达性研究有所缺失。城市的快速扩张使得城市资源分配不能做到合理，而不同群体的就业可达性对于城市规划有着重要指导意义。同时，要探讨不同交通方式的就业可达性，因为不同交通方式的主要使用人群不同。由于在中国居住与就业的数据难以获取，本研究将采用手机信令数据来进行居住地与就业地的识别和数量的判定。这种方式将充分利用现有数据，减少人们进行调研的成本。

随着技术的发展，将就业供需关系、用地类型和交通设施在就业可达性的模型的发展过程中逐步考虑进去。随着模型的逐步丰富，潜力模型和机会累积模型成为现在最为常用的就业可达性测算模型。本章针对以上不足，分别使用潜力模型与机会累积模型对昆山市中心城区就业不同出行方式的可达性进行分析，通过使用高德地图 API 获取出行成本（出行时间、出行费用、出行距离），比较不同出行方式的就业可达性的数据与空间特征的差异，然后探究不同要素对于就业可达性的影响，最后针对研究结果提出具体的实施建议。

二、实证研究

昆山市中心城区居住与就业空间特征相似。通过手机信令数据最终确定昆山市中心城区居住人口约为166.7万人，平均居住人口密度达0.4万人/平方千米。就业岗位1 290 345个，平均就业人口密度达0.29万人/平方千米。从空间分布上来看，昆山市中心城区居住人口具有较为明显的十字结构的特征，以老城区为核心，向南北东西四个副城市中心拓展，呈现出一定的中心—外围结构。同时由于沪宁线的穿越和花桥商务城的快速发展，沿着沪宁线的居住人口也呈现了集聚的带状特征。就业岗位的分布空间集聚性更强，并呈现出两个集中的就业中心：老城与花桥商务城就业中心。

不同出行方式成出行成本造成的空间特征不同。公共交通和小汽车两种出行方式的出行能力不同，出行成本也具有不同特征。从平均出行时间比较，小汽车出行时间最短。但是其空间特征呈现了不一样的分布状况，小汽车呈现中心—外围的圈层结构，而公共交通则沿着公交线网密度区呈现中心+轴状扩张的特征。值得一提的是昆山市中心城区的公共交通的平均花费呈现的空间特征，由于线路定价的多样性，并不一定是出行距离越远，出行花费就越大，在城市边缘区也出现了出行花费较少的地区。城市规划作为公共政策，其对于居民的城市出行特征的规划体现在对于长距离出行花费的特殊照顾，同时也是对于居住于城市边缘区居民的一种隐形补贴。

不同研究方法下的就业可达性有差异。使用潜力模型和机会累积两种方法对昆山市中心城区不同出行方式的就业可达性进行探究，可以发现在考虑了供需关系的潜力模型可以更加贴合实际人们就业可达性的状况，但是最终得到的结果是一个没有单位只有大小的值。而机会累积模型操作简单，可以获得准确的就业岗位数值，就业可达性的值具有可衡量的意义，便于城市规划管理，但是没有考虑实际的距离衰减和供需关系。

不同因素对于就业可达性具有一定的影响。本章通过相关性分析，确定不同要素对于不同出行方式就业可达性的影响程度。小汽车就业可达性受到外界因素影响较小，本身最具有竞争力。公共交通就业可达性与公共交通平均出行时间和距离呈现负相关的关系，出行时间和距离越长公共交通就业可达性就越差，而居住密度、就业密度、公交站点密度和各种等级道路密度与公共交通就业可达性呈现正相关，其中居住密度、就业密度和公交站点密度相关性更强，说明要改善公共交通就业可达性要提高居住与就业密度，同时要大力建设公共交通基础设施。

不同交通方式的就业可达性具有一定的差异。本章使用可达性差异指数（MAG）和公共交通相对优先度（P）两个指数来判断不同出行方式的就业可达性差异。在空间方面，MAG（公共交通与小汽车）呈现出中心—边缘的特征，说明城市边缘地区的小汽车交通要优于公交，而在老城区交通基础设施完善的地区差距较小。负值较高的交通小区集中在南部新城，正值较高的交通小区集中在老城区与花桥商务区。老城为昆山市发展成熟片区，道路设施完善，相应公共交通设施配套相对完善，同时花桥商务城靠近上海，承接着上海市的部分服务功能，交通建设较为完善，因此公交车与小汽车就业可达性水平差距较小。

第五章　费用可达性

公共交通是保障居民出行和生活权利基础的重要公共服务设施。公共交通费用可达性优先是公交实质优先的关键环节。本章总结了费用可达性的概念、相关研究进展及常用测算方法，并利用互联网地图大数据、实际调查数据等多源数据进行实证研究，包括南京市中心城区不同时段费用可达性分析、公交与小汽车显隐性补贴分析，基于公交和小汽车平均出行支付费用基尼系数，绘制洛伦兹曲线，比较费用可达性视角下的南京老城区和上海历史城区公交优先的情况。

第一节　概　念

出行成本是研究可达性不可忽视的重要因素。费用可达性描述了从某一区位出发到达目的地所需克服的费用成本。费用可达性高，表明可以用较低的费用成本到达某一目的地。

在公共交通与小汽车的出行费用可达性研究中，出行费用不光包含出行者支付的票价及消耗燃料的费用，还包含时间成本，出行舒适度折算成本，由外部承担的环境污染、资源占用和消耗、设施建设维护等费用。在财政投入与补偿方面，主要评估不同社会群体之间的交通出行过程中所获得补贴的公平性，公共交通与其他交通方式间在基础设施建设、维护投入的公平性。此外，还关注现有政策是否关注全社会的总体效益，兼顾支付能力适度向低收入群体倾斜。

第二节 方　法

一、国内外相关研究

（一）公共交通绩效研究

由于公共交通是一种城市基本公共服务，很多学者从公共服务绩效角度来研究公共交通的效率、公平、出行比例提升等问题，并不只是将公共交通作为单纯的基础设施工程或市场经济商业模式来看，更加注重考虑公共交通的社会经济综合效益及以乘客为中心的服务质量（张春勤等，2015）。政府公共服务的绩效评价始于20世纪初的美国。公共交通的服务绩效评价则开始于20世纪80年代。哈瓦斯等（2012）利用DAE法测定公共交通服务的效率问题，主要测度公共交通投入与公共交通平均出行时间、小汽车出行公里数之间的关系，并测算了提升措施的效用，即如何在保持效率的同时减少政府财政投入以及公交线路改变对提升效率方面的影响，还研究公共交通财政补贴方式对公共交通出行比例的影响。同时，菲尔丁等（1978）认为公共交通设施的可达性问题也是公共交通投入效率的重要指数。

（二）公交优先财政政策经验

公共交通财政补贴方面，库里蒂巴市民乘坐公共交通费用超过其工资收入6%的部分由政府补贴；香港特首2017年的施政报告中建议推出免入息审查的公共交通费用补贴计划。凡每月公共交通开支超出400港元的市民，超过400港元以外的交通费，可获25%的补贴。国内外目前进行公共交通财政补贴的主要依据主要有三个因素，分别是规模经济、正外部性以及社会公平效应（周华庆等，2015）。我国目前施行的公共交通财政补贴政策主要分为两类，一类是直接补贴，包括针对政策性限价造成的经营性亏损补贴，针对老人、学生、残疾人、军人等特殊群体实施的专项经济补偿，以及针对车辆更新、公共交通场站设施建设的专项投资；另一类是间接补贴，包括相关税费上的减免、间接性的投入、特许经营权等方式（张雪彬，2016）。发放补贴的方式分别针对的对象有乘客、公交运营企业以及城市基础设施。

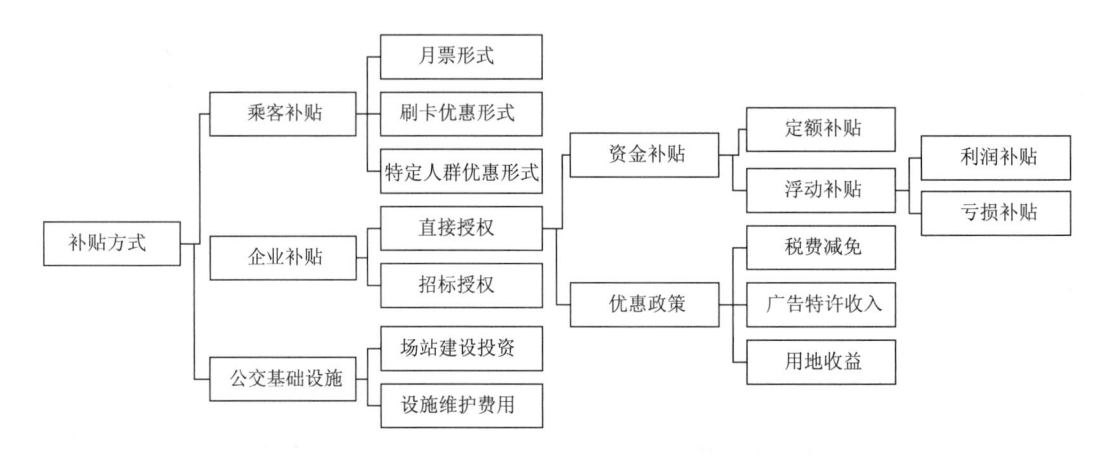

图 5-1　公共交通财政补贴方式

资料来源：根据赫斯（Hess，2012）相关内容改编。

（三）财政政策视角下公交优先实施的不足

目前，大部分与交通出行相关的财政税收方面的政策过于简单化。降低票价对于公共交通出行的促进作用越来越有限。公交票制票价的制定缺乏社会、经济、心理等方面的关联性分析，以及对具体到不同群体出行者的针对性措施研究。

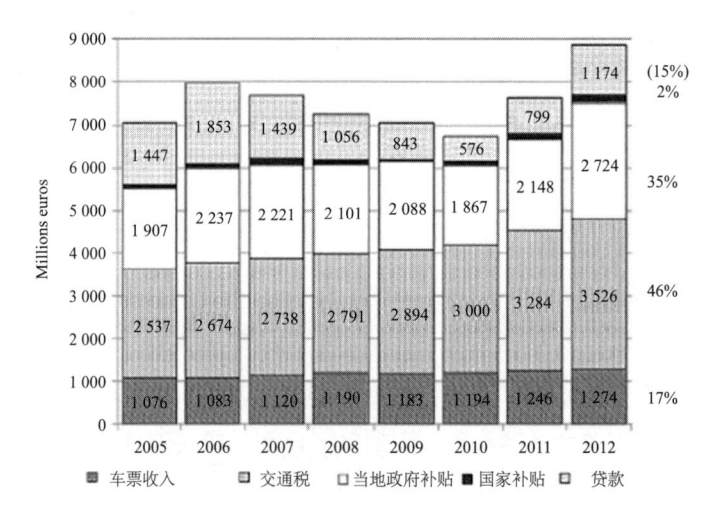

图 5-2　法国城市交通系统收入结构

资料来源：Bruno，2014。

许多大城市公交汽车客流下降,原因既有来自于个体交通小汽车和电动自行车的竞争,也有公共交通自身的不足,例如线网待优化、运营速度慢、公交专用道待提升等。在公交优先的财政效率方面,政策上仅依靠财政直接补贴以提高公交出行分担率的做法越来越多地被证明效果有限。布鲁诺(2014)研究发现法国的公交运营越来越依赖外部补贴,且公交车每车公里搭载乘客数不断降低。康健等人利用公交补贴与公交分担率的回归分析法针对北京市公交补贴的效率研究表明,公交补贴增加一亿元,公交分担率仅提高0.1%左右,同时巨额补贴给政府财政造成巨大负担(康健、徐进亮,2016)。

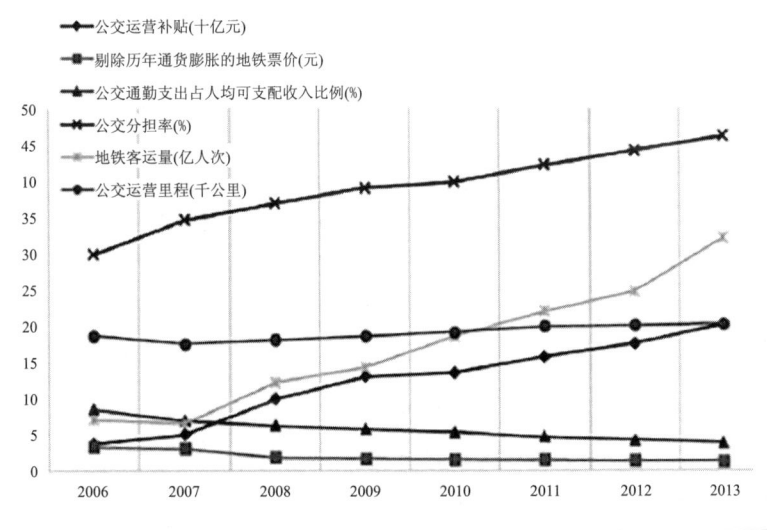

图 5-3 北京市公交运营补贴与公交出行分担率

资料来源:康健、徐进亮,2016。

二、测算方法分析与比较

目前可达性的测算方法,按照技术方法主要分为两大类。一类是基于几何网络的可达性度量方法,结合土地利用情况、运行速度、行程时间等要素,可以测算时间、费用、公共服务设施、就业岗位等的可达性。几何网络分析主要是指分析空间上的交通网络,利用时间距离(跨越一定空间上的距离需要的时间值)、空间距离以及费用距离(通过一定空间上的距离所需要支付的货币值)等来测度可达性。基于几何网络的可达性测量方法主要包括距离法、累积机会法、等值线法、重力模型法、平衡系数法、时空法以及效用法等。第二类是以图论为基础的拓扑模型,主要应用于区域航空运营线网、城市轨道交通网络中,度量各点之间换乘次数、街区及场馆内部等的子空间之间的通视性等,对于此类的可达性的测算和研究,拓扑距离相对几何距离更为重要。上述可达性的度量研究工作的开展需要应用基于拓扑网络的可达性度量方法。拓扑法应用在公共交通研究中,主要是对公交线网进行矢量模拟,能够反应公共交通网络分布及换乘出行特征(Boisjoly et al.,2017)。

费用可达性测算常用方法主要为机会累计法和等值线法、成本栅格法。

(一)机会累积法和等值线法

基于距离法的不断演变,在距离法的基础上又分别发展出了机会累积法和等值线法。机会累计法是指在设定某一个出行成本(距离、时间、费用)的前提下,将从某地点出发能到达的公共活动地点和接受公共服务、就业等机会总和的多少作为可达性指标。这里的机会可以是就业、医疗、商业、教育、体育、娱乐活动等兴趣点和活动的参与,每个 POI 包含一种或者多种社会活动。在一定出行距离或者出行时间内获得的机会越多,可达性水平就越高。等值线法是按照不同时间、费用成本划分出若干等级然后分别计算不同成本等级区域内可到达的兴趣点总数量。每个区域等级中的兴趣点数量越多,可达性水平则越高。累计机会法和等值线法从根本上来说都是通过测算某地通过一定成本的交通出行能够到达活动兴趣点的多少以评价比较可达性水平,但是容易忽略度量点和兴趣点之间的互相吸引力及其作用效应的距离衰减影响。

(二)成本栅格法

栅格法是将空间划分成一定尺寸的网格。每个网格都有一定的属性和数据,用以对该网格内的空间进行一定程度的描述。空间栅格可以用来进行叠置、切割、相交等空间计算操作(祁毅等,2006)。

为了反映出行过程中每个空间网格所需要花费的时间/费用成本,对每个网格可以赋予一定的时间/费用成本值,用来计算出行过程中的最短路径。常用的是迪杰斯特拉最短路径算法。它将栅格模拟成图上的节点,分析到周围节点的总成本。每个栅格的属性值表示其成本,即表示在栅格区域通行时该所花费的时间成本。

成本栅格法是城市规划、地理学领域常用的一种方法,较距离法考虑了空间阻碍作用的影响,操作简单,且精度可以根据需要进行调整,缺点是网格的划分容易导致与现有行政、自然、建筑等边界不符，需要人为地进行识别和调整。

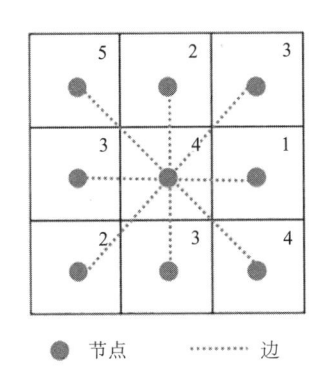

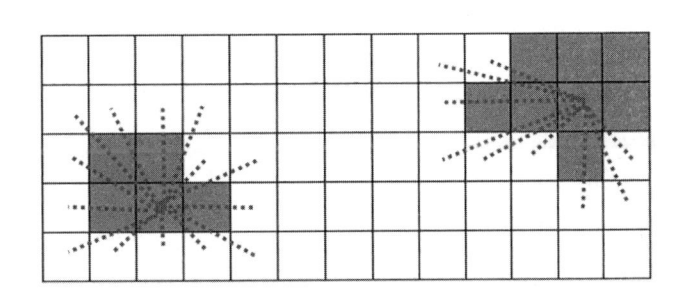

图 5-4　成本栅格法原理示意

资料来源：祁毅等，2006。

第三节　实　证

一、研究范围与数据

（一）研究范围

南京作为首批公交都市建设示范城市，在公共交通建设领域内在一直处于国内相对领先地位。截至 2017 年 12 月 10 日，南京市轨道交通通车总里程全国排名第四，仅次于上海、北京、广州。同时，南京的公交都市建设仍然存在诸多不完善之处，例如公交线网不合理，郊区大型居住区公交服务水平差等问题，现有能够反映这些问题往往只是直观感受和直线距离、公交站点覆盖率等简单量化评价指标，缺乏一定的反映公交优先实施和出行真实情况的评价方法。为此，这里我们对南京市的公交和小汽车的可达性情况进行分析，评价公交优先实施情况。

（二）数据准备

首先，通过编写爬虫程序获取安居客及链家（国内房地产租售服务平台）网站中位于南京市中心城区（指根据南京市总体规划确定的包含南京市主城区和东山、仙林、江北三个副城)约 1 000 多个居住小区位置数据。随后,本章利用 ArcGIS 平台南京市中心城区区域创建栅格和网格中心点,并以网格中心点作为出行目的地,以获取每个居住区到达每个网格的出行时间和出行费用。

批量调用高德地图 API 路线规划工具获取每个居住小区质心到所生成栅格网格中心点的公共交通和小汽车出行时间、出行距离、出行费用等预测数据,研究时间为 2018 年 3 月 12 日早高峰和平峰时段,其中,早高峰时间选取为 7:00~9:00,平峰时间选取为 14:00~16:00。最后,通过计算平均出行时间、平均出行费用并通过反距离插值获取整个区域以栅格的形式表示的时间可达性、费用可达性。

公共交通平均出行费用方面,高德地图可以根据当地的公共交通实际票价计算并考虑换乘的单次出行用户所需要支付的总费用。小汽车平均出行费用方面,高德地图 API 只能提供过路费这一项费用,而小汽车在出行过程中所产生的燃料费,主要依据工信部等四部委发布的 2016 年度中国境内 124 家乘用车企业共生产/进口乘用车 2 449.47 万辆(含新能源乘用车,不含出口乘用车)平均燃料消耗量实际值进行计算(工信部,2017),按照燃油消耗量 6.43 升/100 千米及 2018 年 3 月 12 日当日 93 号汽油油价 6.86 元/升计算得出,如式 5–1。

$$C_{fuel} = e \cdot p_{fuel} \cdot d \qquad 式 5\text{--}1$$

式中 C_{fuel} 为单次出行燃料费,e 为乘用车平均油耗,单位升/百千米,p_{fuel} 为 93 号汽油价格,单位元/升,d 为出行距离,单位千米。

停车费用方面,根据 2013 年 11 月南京新街口百货周边调查数据得到小汽车出行的单次平均停车费用以及获得的隐性外部停车补贴数额。综上,小汽车出行者所需要支付的平均出行费用包括过路费、燃料费及停车费用三项。

实际情况中,除了出行过程中的燃料费、过路费和停车费用,小汽车出行还要考虑车辆养护、车辆年检,驾驶员审核等其它费用,由于数据有限以及影响因素不可控等原因在此不进行计算。此外,在计算公共交通和小汽车平均出行费用时,其产生的各类显隐性外部成本如环境成本、拥堵损失、交通安全成本,公共交通运营补贴、停车场建设及运营补贴等全部计入总外部补贴中(胡永举,2009;蔡铭等,2015),数据来源是主要参考文献,并进行一定换算(佟琼等,2014;陈艳玲,2009)。计算方法和计算参考指标见表 5–1、表 5–2。其中,公共交通包含公共汽车以及轨道交通。根据《2016 年南京市交通白皮书》相关统计数据,轨道交通占公共交通出行的 35%,因此,计算公共交通外部成本时按照该比例折算单次出行外部成本所占比例。

表 5–1　交通出行外部成本计算方法

外部成本项目	计算方式
财政补贴	年度政府补贴总额/年度出行总人次
交通安全成本	单位出行距离成本（元/人/千米）×平均出行距离（千米）
大气污染成本	
噪声污染成本	
交通拥堵成本	

表 5–2　交通出行单位外部成本值（南京市人民政府、财政局、地铁集团，2017）

相关计算指标	单位值		
公共汽车单次出行平均财政补贴额（元/人次）	0.53		
轨道交通单次出行平均财政补贴额（元/人次）	1.75		
早高峰单次平均停车补贴额（元/人次）	31.82		
平峰单次平均停车补贴额（元/人次）	15.91		
	公共汽车	轨道交通	小汽车
平均交通安全成本（元/人/km）	6.72×10^{-5}	0	1.34×10^{-3}
平均大气污染成本（元/人/km）	2×10^{-3}	0	3.4×10^{-2}
平均噪声污染成本（元/人/km）	3.44×10^{-6}	0	6.4×10^{-4}
平均拥堵污染成本（元/人/km）	0.1	0	0.463 2

资料来源：《南京地铁集团有限公司 2016 年度报告》《南京市 2016 年交通白皮书》《关于南京市 2016 年预算执行情况与 2017 年预算草案的报告》。

二、费用可达性分析

为了比较不同地区的费用可达性，这里首先比较不同时段公共交通出行平均支付费用在南京市中心城区的分布情况。

如图 5–5、图 5–6 所示，我们发现公共交通出行者在早高峰和平峰时段所需要支付平均费用大致相同，主要受益于南京市较低地铁票价，起步价 2 元且乘车 10 千米。公共交通起步价多为同一票制 2 元，南京市整体公共交通平均出行费用并不高。南京老城北部以及河西北部地区的公共交通出行所需要支付的平均费用甚至低于 4 元。与此同时，城市边缘地区如东山南部的江宁开发区，仙林东北部龙潭地区的公共交通费用可达性较差，主要因为这两个地区以工业区为主，位于轨道交通盲区且公交线路较少。六合主城区虽然被划入中心城区范围但因为地处偏远，作为"指状"的一支"孤悬"在外，到中心城区其他地区的乘坐公共交通所需支付的费用较其他地区更高。

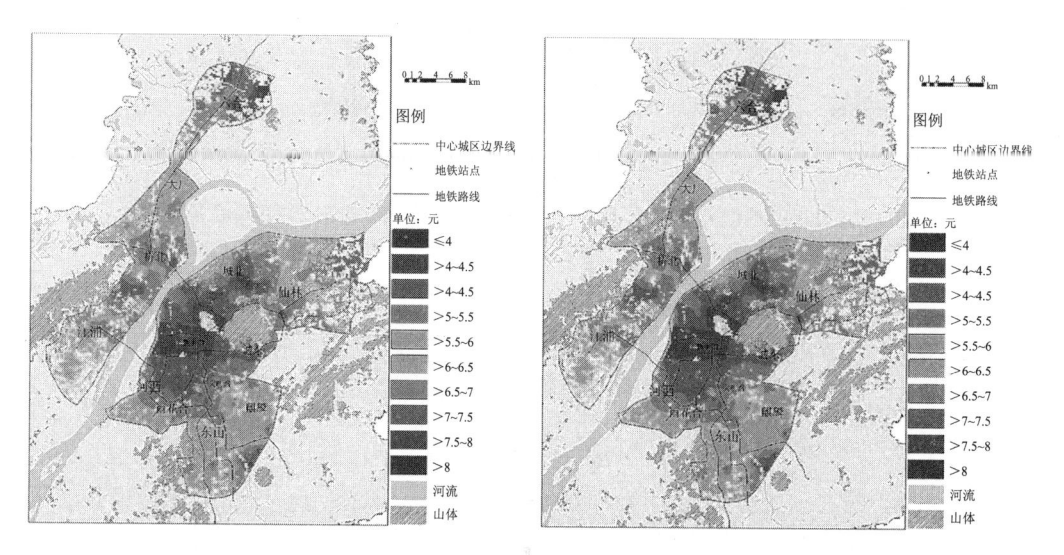

图 5-5　早高峰公共交通出行平均支付费用（元）　　图 5-6　平峰公共交通出行平均支付费用（元）

小汽车出行者所需要支付的平均出行费用受到离中心城区地理空间中心距离的影响最大，位于南京中心城区地理中心的河西地区最低，其次是老城和江北新区核心区。平均出行费用较多的主要是六合、仙林东北部及东山东南部。

早高峰公共交通平均出行费用和平峰时段总体一致，比值上有细微的规律和差别，同时呈现一定的空间分布上的特征。老城区、江北新区核心区、六合城区、仙林城区早高峰平均出行费用大于平峰时段，而非核心区域公共交通早高峰平均出行费用反而少于平峰时段。可能由于早高峰核心区域地面交通拥堵导致绕行和换乘次数增加，平均费用上升，而非核心区域受地面交通拥堵影响较小。小汽车平均出行费用在早高峰默认为全天工作时间停车，因此承担相对更多的停车费用，而平峰时段出行中通勤比例大大减少，因此默认出行为非通勤出行，因此每次出行所需要花费的停车费用约为早高峰时的一半。

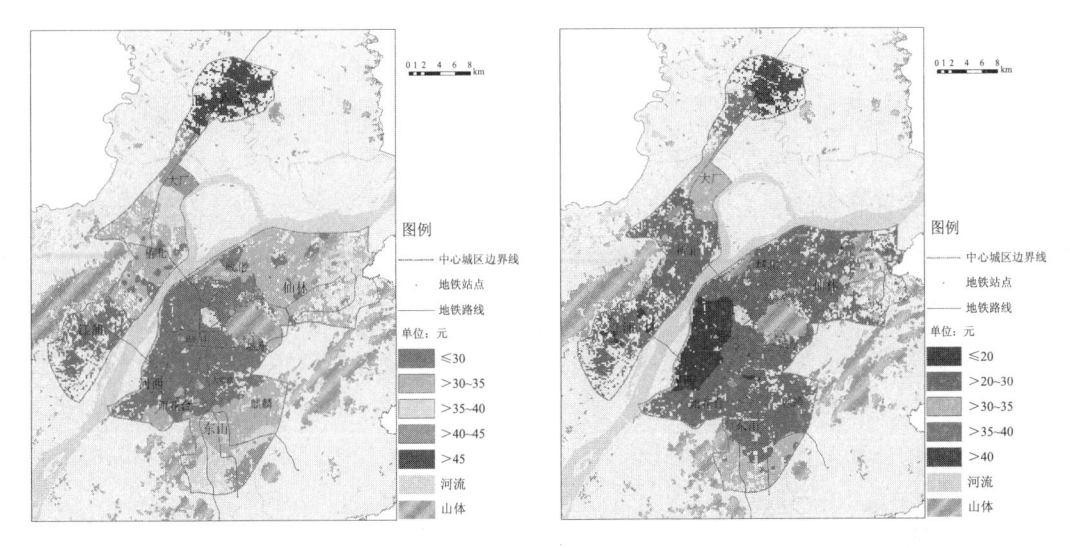

图 5-7　早高峰小汽车出行平均支付费用（元）　　图 5-8　平峰小汽车出行平均支付费用（元）

三、公交与小汽车显隐性补贴分析

不同出行方式所需支付费用比值方面，如图 5-9、图 5-10 所示，公共交通平均出行支付费用以传统公共交通线网中心向外递增，而小汽车则更偏向由地理空间中心向外递增，反映到小汽车与公共交通平均出行费用比值上，位于城市地理空间中心，且由于长

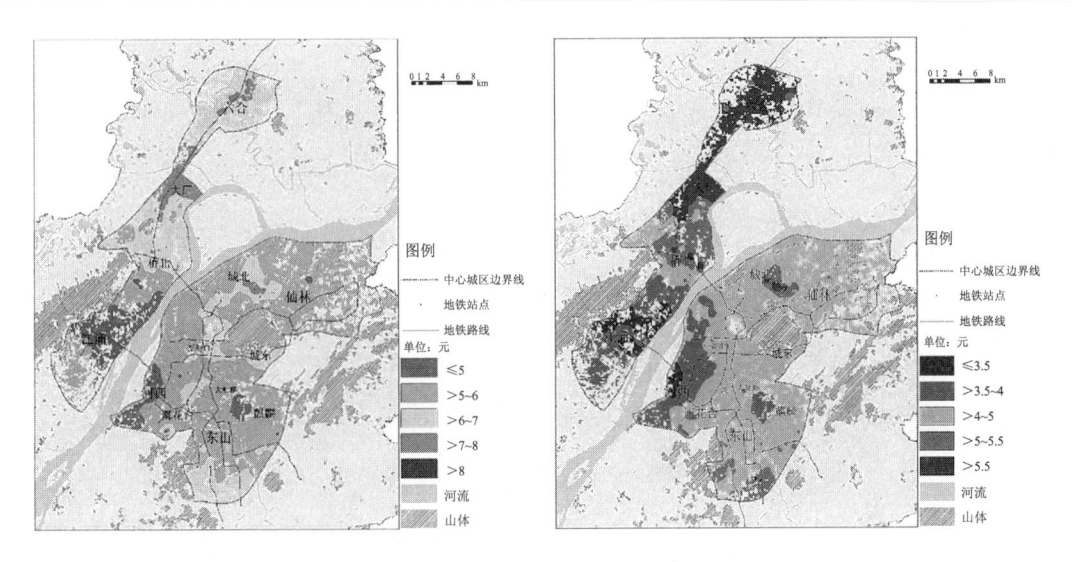

图 5-9　早高峰平均出行支付费用小汽车/公共交通　　图 5-10　平峰平均出行支付费用小汽车/公共交通

江隧道、扬子江隧道两条连接河西和江浦地区的过江通道免收费，河西、江浦等地小汽车出行支付费用相对公共交通并不高，有利于这两个地区的小汽车出行。同时，由于这两个地区分别是南京主城新的 CBD 以及江北新区核心区域，道路体系完善发达，街区规模较大，大量的道路设施投资使得该区域更适宜机动车出行，导致小汽车出行者所需要支付的出行成本较低。

经分析，每次出行都会产生大量的外部成本，例如污染物排放、道路拥堵、政府财政补贴以及基础设施投资建设成本等。由于多种原因这些外部成本往往难以直接反映到实际出行者的支付费用中去，未被个人支付的成本也就成了某种意义上的显隐性补贴。因此，在单纯比较单次出行所支付费用的同时，也需要比较不同交通方式、不同区域获得产生外部成本、获得显隐性补贴的情况。获得补贴的差异也将直接影响出行者出行方式的选择以占有更多社会外部资源。这里，主要分析比较南京中心城区不同区域、不同时段、不同出行方式所获得的补贴总额，以及所需支付费用与产生的外部成本额（即获得的补贴总额，包括财政补贴以及拥堵、交通安全、大气污染、噪声污染等外部成本）的比值，以探讨不同交通方式、不同区域之间的公平性。

影响公共交通每次出行所获得的补贴额主要影响因素为出行平均距离，因此早高峰和平峰时段公共交通所获得的平均出行补贴额大致相同。同样，由于得到的补贴额均受到平均出行距离影响，公共交通和小汽车的平均出行补贴在空间分布上呈现由内向外增加的形态。

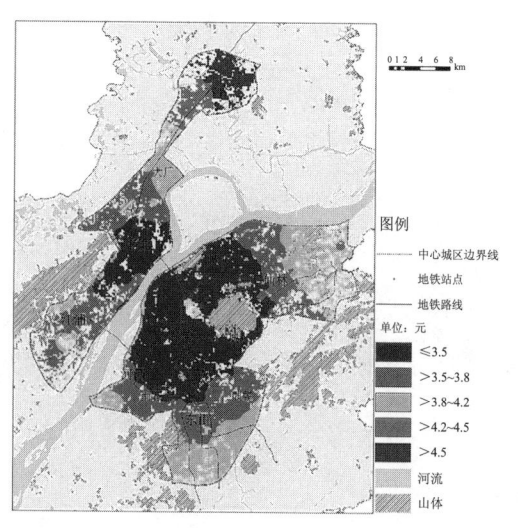

图 5–11 早高峰公共交通平均出行补贴 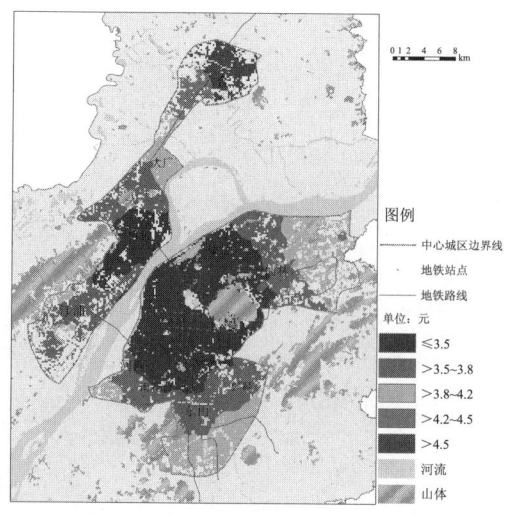　　　　图 5–12 平峰公共交通平均出行补贴

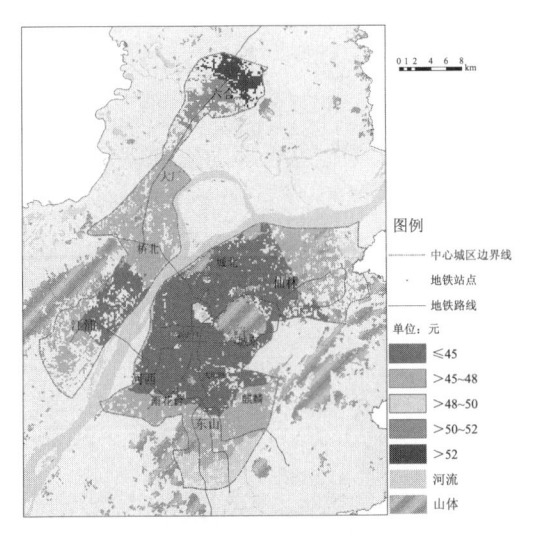

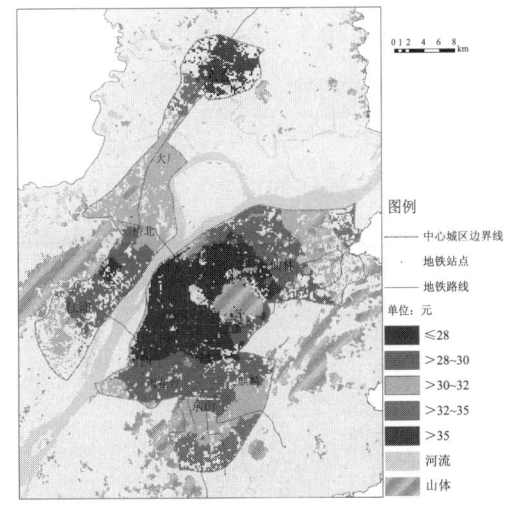

图 5-13　早高峰小汽车平均出行补贴　　　　图 5-14　平峰小汽车平均出行补贴

在计算小汽车所获补贴额时，假设早高峰出行为工作、上学等通勤交通为主，因此，停车费用按照工作日正常工作时间计算，而平峰时段的小汽车出行属于非通勤交通，按照全天正常工作时间停车费用的一半进行计算。停车时间越长，获得的隐性停车补贴也越多。因此小汽车在早高峰和平峰时段获得的补贴额度有较大差别。

从绝对值上看，小汽车所获得的显隐性补贴总额远大于公共交通。如此大的差别使得小汽车每次出行都占用了大量的社会资源，从社会和自然资源获得的角度看，选择公共交通出行明显处于劣势。

如图 5-15、5-16 所示，早高峰和平峰时段，公共交通出行实际支付费用与补贴总额的比值大概在 1~2 之间。空间分布上，城市中心区公共交通出行实际支付费用与获得的补贴额度比值较城市外围地区更低，因此，城市中心地区获得了相对更多的总外部补贴额度。城北沿江、麒麟、东山、仙林东部、桥北地区获得相对于其公共交通出行成本更少比例的总外部补贴。

与小汽车平均出行支付费用相似，小汽车的出行时机支付费用以中心城区的地理空间中心（即河西地区为中心）向外递增。早高峰时段大部分地区的小汽车出行实际支付费用与补贴总额间的比值小于 1，表明实际上小汽车在早高峰时段仅支付了出行中成本的少部分，而大部分出行成本实际由外部负担。从交通方式间的公平性角度看，公共交通出行者支付了更大比例的总出行成本，理应增加减少公共交通出行者个人支付部分或者增加小汽车出行者个人支付部分。由于总的外部成本中停车设施的运营补贴占比较大，因此平峰时段由于小汽车接受更少的停车补贴，但是大部分地区平峰时段小汽车单次出行获得外部补贴额较公共交通更高，理应减少这部分差额，并且由于停车补贴在总外部补贴额中占有较大比例，因此，首先应当从停车费用着手来研究合理的措施减少不同交通方式间外部补贴的不公平性。

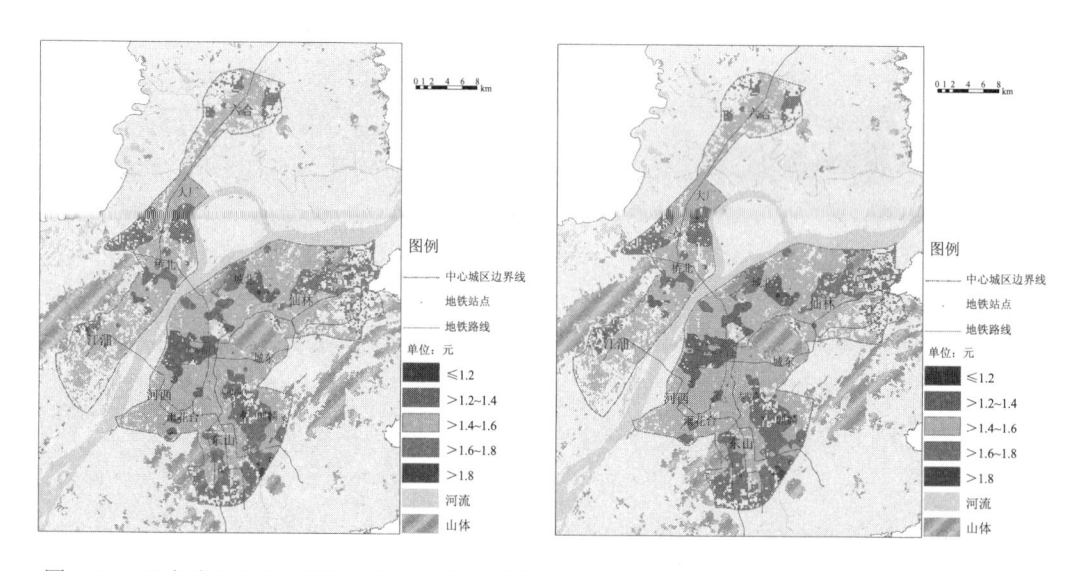

图 5-15　早高峰公共交通出行平均支付费用/补贴　　图 5-16　平峰公共交通出行平均支付费用/补贴

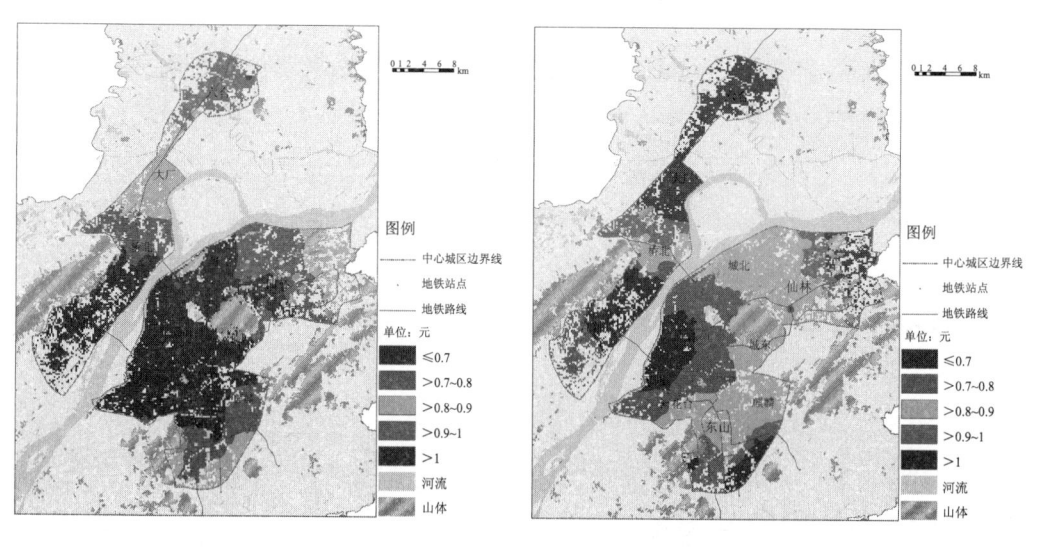

图 5-17　早高峰小汽车出行平均支付费用/补贴　　图 5-18　平峰小汽车出行平均支付费用/补贴

四、费用可达性比较研究

（一）研究范围与研究方法

本章选取上海历史城区和南京老城区进行研究。根据《南京市总体规划》《南京历史文化名城保护规划》等相关规划定义，南京老城区指南京明城墙遗址围合而成的区域，面积约43平方千米。相比南京老城区有明确、正式规划上的定义，上海历史城区尚无明确规划定义。上海历史城区主要指上海从建立县制直至1949年以前围绕上海清代县城、英美公共租界、法租界等发展起来的近代上海城市核心区域。道路网普遍密集、狭窄、不规则，适宜发展慢行交通。同时根据《上海市历史文化风貌区和优秀历史建筑保护条例》《上海市总体规划（1999～2020）》《上海市总体规划（2017～2035）》等条例和规划中关于上海市历史风貌保护区、上海历史城区、中央活动区的有关定义，综合确定上海历史城区的范围，西至轨道交通3号线，南至内环高架路，东至黄浦江、北至轨道交通3号线和安远路、长寿路（徐继荣，2017），面积约43.3平方千米。两个研究区域面积相近。

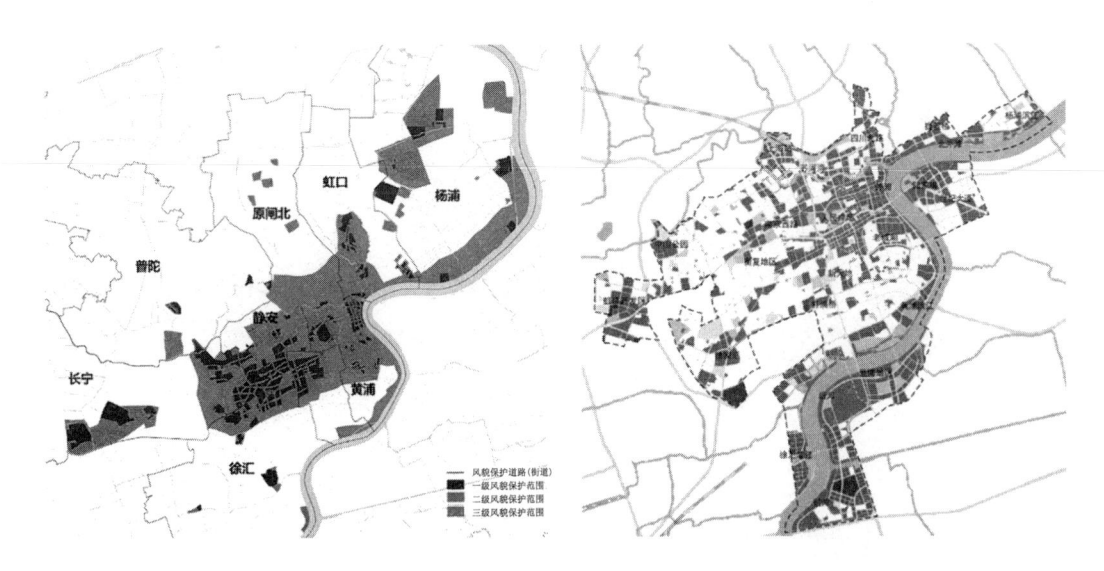

图 5-19　2013 年上海历史风貌保护区扩大后范围　　图 5-20　上海市总体规划（2017～2035）中央活动区范围

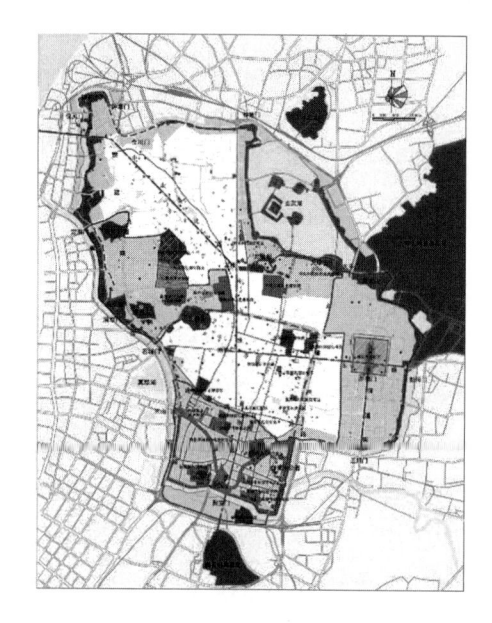

图 5-21　南京历史文化名城保护规划确定的老城区范围

图 5-22　上海市总体规划（1999～2020）确定的旧区历史风貌保护区范围

图 5-23　南京市中心城区范围

图 5-24　上海市中心城区范围

我们首先通过自动爬取安居客网站上的南京老城和上海历史城区热点居住小区作为可达性研究对象样本，基于小区质心通过调用高德地图 API 获取研究范围内各小区到网格南京中心城区、上海中心城区（范围见图 5–25、图 5–26）的栅格网格中心的公共交通和小汽车出行时间、出行费用、出行距离等数据，分别计算和比较南京老城区和上海历史城区在早高峰、平峰时段的公共交通、小汽车平均出行时间、平均出行费用比值，进而比较两个城区的公共交通可达性和公平性水平。

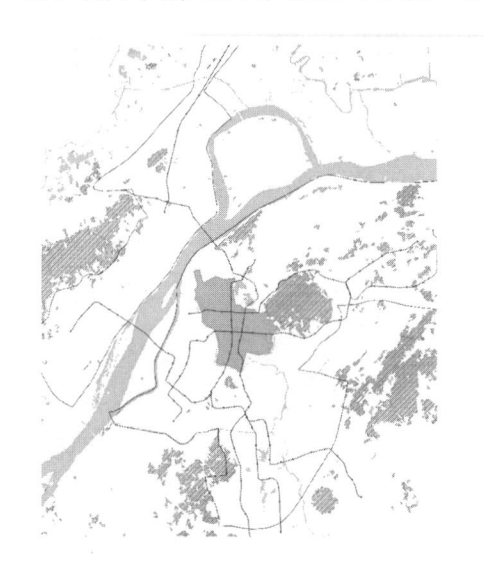

图 5–25　南京老城区研究范围　　　　　图 5–26　上海历史城区研究范围

随后，基于反映收入分布水平的基尼系数计算公式建立反映公交优先水平的公共交通平均出行支付费用基尼系数，小汽车、公共交通平均出行费用比值基尼系数，并计算公交优先水平基尼系数，同时绘制洛伦兹曲线，继而比较南京老城区、上海历史城区的公交优先情况。

（二）公交优先费用基尼系数评价比较

假设如果一个地区每个人的公共交通平均支付费用都相同，那么这个地区公共交通服务水平在空间上就绝对公平。这一区域内的公共交通平均出行支付费用的基尼系数应当为 0。

同样地，如果每个人公共交通平均出行支付费用与小汽车平均出行支付费用的比值相同，那么相对小汽车出行的公共交通服务水平在空间上就绝对公平。

因此，通过比较南京老城区和上海历史城区公共交通平均出行支付费用的基尼系数，以及小汽车与公共交通出行费用比值的基尼系数，并绘制成洛伦兹曲线，可以反映空间上的公共交通服务的公平性、公共交通相对优先水平的空间分布情况，比较南京老城和上海历史城区的公交优先水平。本部分研究通过自动爬取链家网站各小区的户数数据进而推算各小区人口数并将每个小区的平均出行费用可达性数据赋予小区内的出行者，为接下来的基尼系数研究做准备。研究反映公交优先水平的公共交通平均出行支付费用的基尼系数，小汽车与公共交通费用比值的基尼系数计算公式为：

$$G = \sum_{i=1}^{n} R_i S_i + 2\sum_{i=1}^{n} R_i(1 - A_i) - 1 \qquad 式 5-2$$

式中 R_i 为 i 区间出行者数量百分比重，S_i 为 i 区间出行者的平均出行支付费用，或者小汽车与公共交通平均出行费用比值所占百分比重。A_i 为 i 区间出行者平均出行支付费用累计百分比，或者小汽车与公共交通平均出行费用比值累计百分比，n 为划分的出行者区间个数。

经计算早高峰时段公共交通平均出行费用基尼系数中南京老城区的为 0.031，上海历史城区的为 0.024；平峰时段公共交通平均出行费用基尼系数中南京老城区的为 0.031，上海历史城区的为 0.023。

早高峰时段，小汽车与公共交通平均出行费用比值的基尼系数中南京老城区的为 0.061，上海历史城区的为 0.017。

平峰时段，小汽车与公共交通平均出行费用比值的基尼系数中南京老城区的为 0.050，上海历史城区的为 0.020。

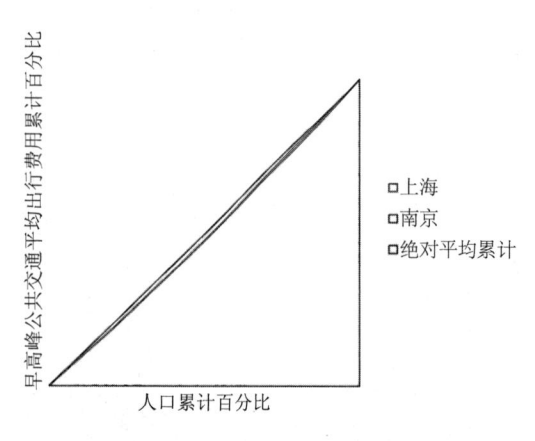

图 5-27 南京老城、上海历史城区早高峰公共交通平均出行支付费用洛伦兹曲线

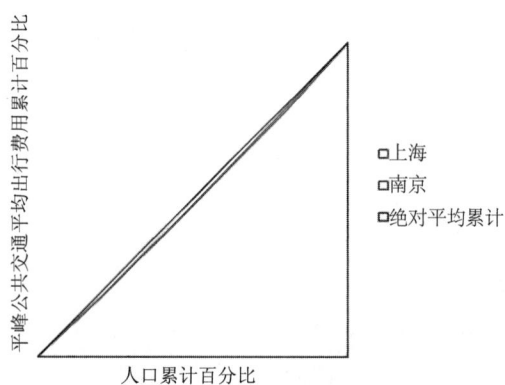

图 5-28 南京老城、上海历史城区平峰公共交通平均出行支付费用洛伦兹曲线

同为首批国家公交都市建设示范城市的南京和上海，二者公共交通相对小汽车可达性水平总体来说体现了公交优先战略实施的显著成效。从两座城市的"公交都市"建设措施来看，在轨道交通建设、公交运营水平、交通枢纽建设、保障公交路权和解决"最后一公里"等方面都要领先于国内其他同类型城市。反映到公共交通公平性水平上，二者在空间上的公交优先情况差异较小，基尼系数均小于0.1，按照传统收入基尼系数指标定义小于0.2就可以认为是绝对平均来看，两座城市的老城区内公共交通发展水平差异较小。

通过比较发现，无论早高峰时段还是平峰时段，上海历史城区公共交通可达性都优于南京老城区。上海公共交通相比小汽车的时间优先度要好于南京。上海历史城区内的公交优先基尼系数，即公交优先程度也略优于南京老城区。分析原因，主要得益于上海历史城区内更多的轨道交通设施投入，在轨道交通线网总长度，线网和站点密度方面大幅领先于南京。同时，较高的城市发展水平，更加规整的城市形态也是上海历史城区公共交通发展优于南京的重要因素。轨道交通建设需要高昂的成本，南京老城区内很多地区轨道交通和快速公交设施仍然不足，公交分担率却比上海更高（2016年南京市公交分担率59%，上海为49%），公共交通投入的经济效率方面有待进一步研究分析。根据南京市轨道交通规划，未来随着南京市轨道交通线网的进一步加密，南京和上海在公交优先水平上的总体差距会相应缩减，但在提高公交可达性、公平性的同时，如何进一步提高公共交通投资效率，提高公交分担率，则是两城未来发展城市公共交通时需要共同面临的挑战。

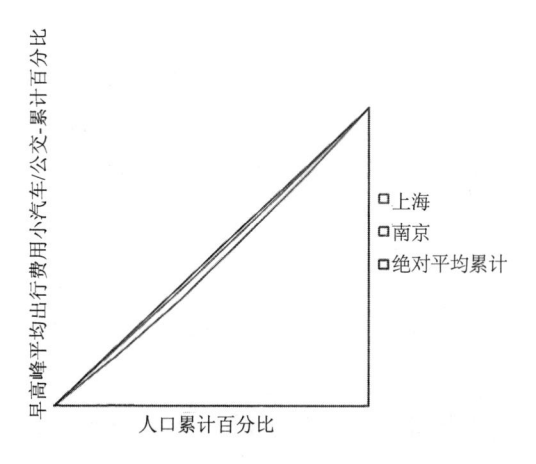

图 5-29　南京老城、上海历史城区早高峰小汽车、公共交通平均出行费用比值洛伦兹曲线

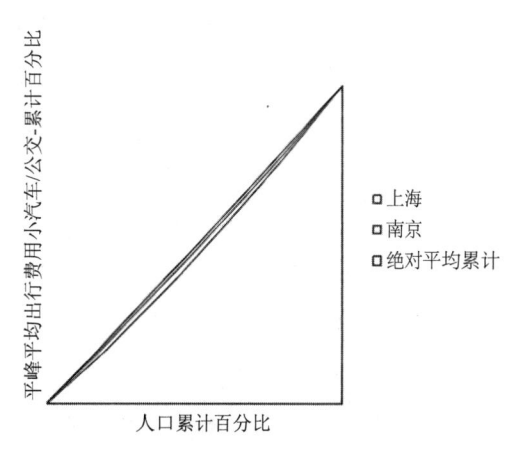

图 5-30　南京老城、上海历史城区平峰小汽车、公共交通平均出行费用比值洛伦兹曲线

第四节 结 论

本章总结了公交费用可达性的概念及常用研究方法，在融合经济学、社会学等多学科理论基础上引入互联网发展背景下新的评价分析方法，即调用高德地图 API 获取地区间不同交通方式出行费用数据，通过自动爬取网络数据获取多种大数据进行研究，较以往各类可达性研究方法提高了现实场景还原的准确度，为今后可达性研究提供了新思路和方法。借用经济学和社会学中的基尼系数研究方法研究空间与交通方式间的公平性也是在公交优先研究方法上的重要创新。

本章实证研究部分分别以南京市中心城区、南京老城区和上海历史城区为研究对象，通过自动爬取高德地图 API 获取出行费用、出行距离等数据，进行费用可达性的比较。

通过分析南京市中心城区的公共交通可达性与公平性情况发现：南京市中心城区由于沿交通干线呈指状向外拓展，中心城区和外围地区公交可达性呈现较大差距。不同交通方式间由于外部补贴的存在导致在出行成本上呈现较大的交通方式的不公平性。南京市中心城区的公共交通费用可达性需要进一步提高。公交服务在空间上的不公平情况需要改善，同时需要增加小汽车出行的外部环境和拥堵成本以改善不公平现象。

通过比较南京老城区与上海历史城区的公交优先情况发现：南京市老城区公交可达性总体以新街口最优，城南和西北部可达性相比较差；上海历史城区公共交通可达性总体以人民广场向西递减，西南徐家汇、上海体育场区域由于多条轨道交通汇集并建有大型交通枢纽公共交通时间可达性较优。在分析南京老城、上海历史城区的公共交通空间公平、公共交通相较于小汽车交通方式间的公平性，以及两地的交通基础设施、城市形态等多方面要素时发现，上海由于城市形态更规整、轨道交通线网密度成倍于南京，公共交通优先程度优于南京老城，公共交通可达性在空间分布上的公平性也要更优。但与此同时，更密集轨道交通的成倍投资带来的收益却没有以相同倍数增加。平衡投入与收益也是公交优先的重要内容。两地都需要一定程度上改善空间上的公共交通可达性的不公平现象。

本章研究主要提供一种分析方法和思路，由于城市公共交通的投资建设运营涉及更多社会经济等多方因素，并不能够通过本章列举的一些数据对本质上孰优孰劣做简单评判。在计算出行费用时，不仅需要考虑出行过程中所需要花费的货币成本，更要综合考虑不同人群的时间成本，外部环境污染成本，道路拥堵成本，小汽车的停车、维护、保养、年检、购置成本，以及因体验不同而导致的舒适度、自由度以及交通工具这一部分代表社会经济地位属性物品相关的认可度、机会、获得感等方方面面的成本。本章限于数据、资料、篇幅限制，无法逐一展开研究，未来需要对不同交通方式、不同人群的出行成本进行更精确的计算。

此外，新型共享出行模式的出现既解决了部分可达性的问题也带来很多新的问题，比如对传统公交造成冲击、定制公交在某些地点因客流较少无利可图而避开、"烧钱"模式下的出行成本公平性等。如何培育并规范这些新的出行模式给我们提出了更多的新课题。

第六章 公交站点步行可达性

本书第三至五章分别从时间、就业、费用三个角度探讨了公共交通的路网可达性，本章则主要讨论居民步行至公交站点的可达性。本章总结了公交站点步行可达性的概念、常用分析方法。实证研究部分，结合开放地图平台、手机信令数据、数字高程模型（Digital Elevation Model，DEM）等多源数据，从微观路网视角分析了昆山市集中建设区公交站点步行可达性以及在合理步行距离内（即公交站点步行可达性较好区域）的居住人口和就业岗位覆盖情况，为评价、提升公交服务水平提供了新的大数据分析方法和思路。

第一节 概 念

公共交通可达性可划分为两种类型：公交站点可达性，即通过步行等方式到达公交站点的可达性；以及线网可达性，即由站点乘坐公交到其他目的地的可达性。（Mavoa et al.，2012；黄晓燕等，2014；Malekzadeh et al.，2020）。

站点可达性用于衡量乘客得到公交服务的难易程度，而不仅仅是距站点的距离（姚志刚等，2021）。个体对交通方式的选择，与该方式所提供的可达性服务密切相关。公共交通非"门到门"特性，导致公交站点的可接近性成为影响公交方式可达性的关键（何保红等，2015）。

公交站点步行可达性贴近居民使用公交服务的实际体验，是衡量公交服务水平的关键指标。新城市主义倡导者彼得·卡尔索普（Peter Calthorpe，1992）将高质量、无障碍的步行视为公交引导开发（Transit Oriented Development，TOD）的核心原则，并已应用在国内外诸多城市的TOD实践项目中。潘海啸教授（2009）指出城市开发和交通建设应体现以人为本，以方便人们步行出行为导向。并将人本/步行优先导向开发模式

(People/Pedestrian Oriented Development，POD）视为解决城市交通问题的先决原则。

公交站点步行可达性常用站点步行覆盖率指标表征。公交站点步行覆盖率指以公交站为原点，计算在合理的步行距离（一般取 300 米或 500 米）内所覆盖的面积与研究区域建设用地总面积的比值，从而衡量区域内的公交服务水平。

第二节　方　法

一、空间覆盖率常用分析方法

（一）基于直线距离的公交站点步行覆盖率

基于直线距离计算公交站点步行覆盖率的算法作为最基础最原始的计算方式被如《城市综合交通体系规划标准》《公交都市考核评价指标体系》等多个规范或指标体系所采纳，如表 6–1。

表 6–1　公交覆盖率要求

层级	规范及文件	300 米建设用地覆盖率	500 米建设用地覆盖率	500 米常住人口和就业岗位覆盖率
国家	《国务院关于城市优先发展公共交通的指导意见》（2012）		中心城区 100%	
	《国家新型城镇化规划(2014~2020 年)》（2014）		中心城区 100%	
	《中共中央国务院关于进一步加强城市规划建设管理工作的若干意见》（2016）		中心城区 100%	
交通运输部	《关于开展国家公交都市建设示范工程有关事项的通知》（2011）		城市建成区≥90%	
	《城市公共交通"十三五"发展纲要》（2016）	常住人口 500 万以上的城市≥70%	常住人口 100 万以上的城市 100%，100 万以下的城市≥80%	
标准	《城市综合交通体系规划标准》（GB/T51328-2018）	≥50%	≥90%	≥90%

如图 6–1，随着出行距离的增加，居民的公交出行率降低，以居民更倾向于接受的 5 分钟和基本能接受的 8 分钟以内的步行距离为基准，提出公共电汽车站点 300 米和 500 米服务覆盖用地要求。国外则多以 1/4 英里（约 400 米）（El-geneidy *et al.*，2014）计算公交覆盖率。

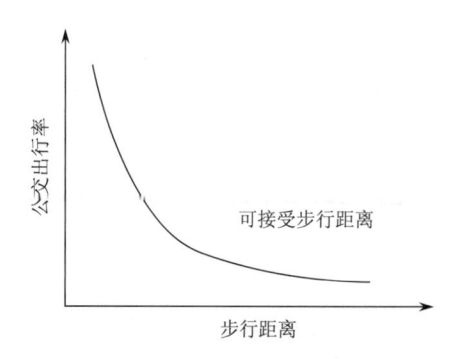

图 6–1 公交出行率与步行距离的关系（杨晓飞等，2011）

这种基于直线距离的公交覆盖率的计算方式是基于道路网络的理想状态，与实际居民的出行路径和距离具有较大的差距。

（二）基于网络路径的公交站点步行覆盖率

部分研究意识到上述计算的问题，采用对现实路网矢量化进行公交覆盖率的计算，如图 6–2，一般是基于 ArcGIS 或 TransCAD 构造路网。随着互联网地图的发展，部分学者开始调用地图数据作为计算公交覆盖率的网络距离。

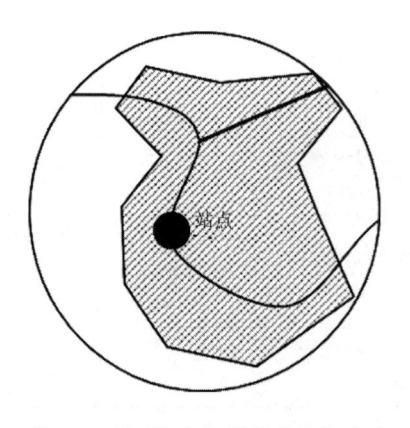

图 6–2 基于网络路径的公交覆盖率

1. 基于 ArcGIS 的网络路径

基于 ArcGIS 的网络分析工具计算的路径距离主要采用了迪杰斯特拉算法计算最小路径（Dijkstra EW，1959； Gao Y，2011）。针对一个节点数量为 Q，边数为 A 的网络 N。把网络 N 中节点集合 Q 分成节点集合 P 和节点集合 U，初始 P 只包含起点。计算过程中，计算离 P 集中与之连接的节点的距离，然后将 U 距离最短的节点加入 P 中，未加入 P 集中的节点，在下次计算时累加上次的计算结果，再排序加入 P 中。表达式如下：某一边 A 连接的两个节点分别为 i,j，它的边长为 w_{ij}。

$$N = (V, A)$$
$$Q = \{1, 2, 3, 4, \cdots m\}$$
$$A = \{(i, j) \mid i, j \in V\}$$
$$W = \{w_{ij} \mid (i, j) \in A\}$$
$$P = \{1(w_{i1}), 2(w_{i2}) \cdots N(w_{in}) \mid N \in V, N \notin U\}$$
$$U = \{N(w_{in}), N+1(w_{in+1}) \cdots M(w_{im}) \mid N \in V, M \notin S\}$$
$$Min\{S(w_{ij}) \mid j \in (1, n)\} < Min\{U(w_{iq}) \mid q \in (n, m)\}$$

式 6-1

迪杰斯特拉算法的计算原理以起始点为中心向外层层扩展，直到扩展到终点为止。该方法基于实际路网进行分析，相比基于直线距离而言具有较高的精度，但此方法需要获取地理信息数据，且需要对网络进行拓扑检查，保证每个节点都落在道路网络中，耗时费力。除此之外，该方法只从空间上考虑路径长度，缺少如信号灯控制、天桥、地道等交通管理政策或设施对步行路径的影响，更新速度慢，无法及时感知施工、封路等变故。

2. 基于路径规划的网络路径

随着互联网的发展，以盈利为目的互联网企业依托其资金和人力，实现多主机、多数据库进行分布式部署，使 ArcGIS 从简单的单机操作或集成系统逐渐迈进了网络 GIS，提供了较为全面的地理信息库，更新速度快、信息全面，较符合现实情况，计算方式也多采用迪杰斯特拉算法，但从微观角度出发，该路径距离仍存在以下问题：

(1) 部分出行距离的丢失

地图开放平台所返还的路径距离多是基于路网节点,对于不在路网上的起终点,其会自动匹配到路网上离该点最近的点进行计算。在一般路网连通性良好的地区,该计算方式的误差相对较小,但在断头路较多、路网连通性较差的地区,便会产生较大的误差。如图 6–3 所示,AB 为某一公交站与某一质心的直线距离,为 698 米;AC 为输入 AB 两点的坐标后,借助地图开放平台的 API 所返回的基于路网节点计算的路径 CD 及网络距离,为 380 米,其中 D 是路网的尽端,距离 B 较远。因此,对于路网连通性较差的地方,直接调用路径规划数据作为网络距离分析其公交覆盖率可能会产生较大的误差。

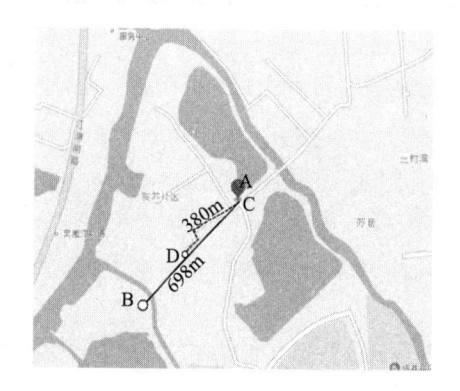

图 6–3 地图开放平台返回的数据误差

(2) 缺少对高程的考虑

地图开放平台所返还的数据基于投影地图进行的路径计算,是一种基于平面地图的测量方式,适用于地势相对缓和的地区。但对于部分地势起伏较大的地区,这种计算方式将会产生较大的误差。

二、基于微观路网的空间覆盖率分析方法

鉴于各公交站点步行覆盖率计算方式的优缺点,本章基于 DEM 高程数据和地图开放平台所返还的数据,对网络路径的计算方式进行优化,利用地图开放平台所返还的数据解决基于 GIS 平台的数据更新慢、范围小等问题;利用 GIS 结合 DEM 高程数据解决其基于路径规划数据的标准化、精度低的问题,具体计算流程如图 6–4。

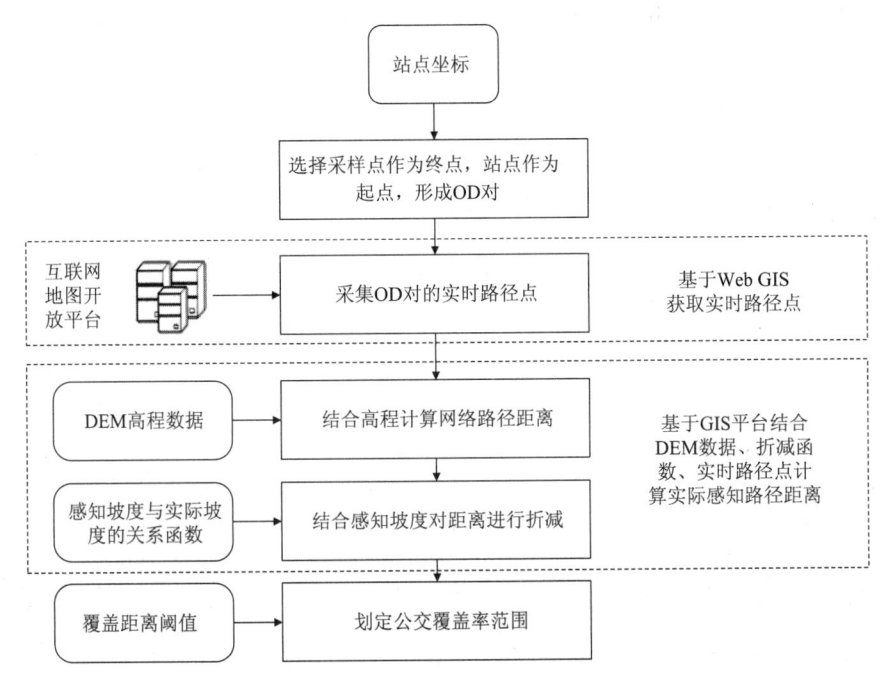

```
                    ┌──────────┐
                    │ 站点坐标 │
                    └────┬─────┘
                         ▼
              ┌────────────────────┐
              │ 选择采样点作为终点, │
              │ 站点作为起点,      │
              │ 形成OD对            │
              └────┬───────────────┘
                   ▼
┌─────────┐   ┌──────────────────┐   基于Web GIS
│互联网   │──▶│ 采集OD对的实时路径点│   获取实时路径点
│地图开放 │   └────┬─────────────┘
│平台     │        ▼
└─────────┘   ┌──────────────────┐
┌─────────┐   │结合高程计算网络   │   基于GIS平台结合
│DEM高程  │──▶│路径距离           │   DEM数据、折减函
│数据     │   └────┬─────────────┘   数、实时路径点计
└─────────┘        ▼                算实际感知路径距离
┌─────────┐   ┌──────────────────┐
│感知坡度与│──▶│结合感知坡度对距离 │
│实际坡度的│   │进行折减          │
│关系函数 │   └────┬─────────────┘
└─────────┘        ▼
┌─────────┐   ┌──────────────────┐
│覆盖距离 │──▶│划定公交覆盖率范围 │
│阈值     │   └──────────────────┘
└─────────┘
```

图 6-4 基于微观路网的空间覆盖率计算流程

（一）采集实时路径点

互联网开放平台依托其庞大的数据库，能实时更新交叉口、天桥、地道等道路设施，根据所给的 OD 对返还路径规划的距离、路径点，具有一定的误差，且没有考虑高程等因素的影响，因此需要结合其路径点在 GIS 平台中进行二次处理。

本章将研究区域根据高程数据的空间分辨率划分成 30×30 米的网格，取每一网格的质心作为起点 (X_r, Y_r)，公交车站作为终点 (X_s, Y_s)，通过地图开放平台提供的 API 采集站点与栅格质心之间的规划路径点，并通过 Python 编程在采集的路径点集内增加起终点的坐标 $S=\{(X_1,Y_1),(X_2,Y_2),\cdots,(X_n,Y_n)\}$，完善出行路径为 $S'=\{(X_c,Y_c),(X_1,Y_1),(X_2,Y_2),\cdots,(X_n,Y_n),(X_d,Y_d)\}$，保证路径数据的完整性，以提高计算公交覆盖率的精度。

以图 6-5 为例，输入 A、B 点，通过地图开放平台提供的 API 采集到路径点 $S=\{(X_a,Y_a),(X_2,Y_2),\cdots,(X_c,Y_c)\}$，为保证路径数据的完整，通过 Python 编程在采集的路径点集内增加起终点的坐标 $S'=\{(X_a,Y_a),(X_c,Y_c),(X_2,Y_2),\cdots,(X_d,Y_d),(X_b,Y_b)\}$，即连接起终点 A、B 与路网节点 C、D。

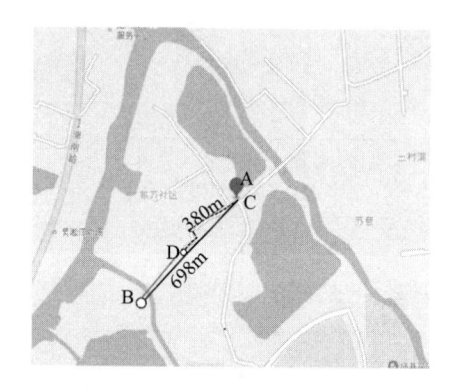

图 6–5　优化后 API 返还的路径点

（二）增加采样点

对于地势起伏大的地区，每一路段上的高程变化都较大。为进一步提高计算结果的精确度，需要在路径上按一定的原则增加采样点，然后计算每个采样点之间的三维距离，从而相加得到整一条路径的三维距离。增加采样点的原则如下：若相邻特征点的东西向距离大于南北向距离，则以前一个特征点为起点，以东西向距离 30 米为间隔在路径上选择采样点；反之，则以南北向距离 30 米为间隔在路径上选择采样点，如图 6–6，具体计算公式如下：

$$\tan\alpha = \frac{Y_{n+1} - Y_n}{X_{n+1} - X_n} \qquad 式\ 6\text{–}2$$

如果 $\tan\alpha < -1$ 或 $\tan\alpha > 1$，则

$$M = \frac{Y_{n+1} - Y_n}{d_1} \qquad 式\ 6\text{–}3$$

$$X_m = X_n + \frac{d_1}{\tan\alpha} m \qquad 式\ 6\text{–}4$$

$$Y_m = Y_n + d_1 m \qquad 式\ 6\text{–}5$$

m 是整数，当 $M \leqslant 0$，$m \in [M, 0]$，当 $M > 0$，$m \in (0, M], m \in Z$。

如果 $-1 \leqslant \tan\alpha \leqslant 1$，则，

$$M = \frac{X_{n+1} - X_n}{d_2} \qquad 式\ 6\text{–}6$$

$$X_m = X_n + d_2 m \quad \text{式 6-7}$$

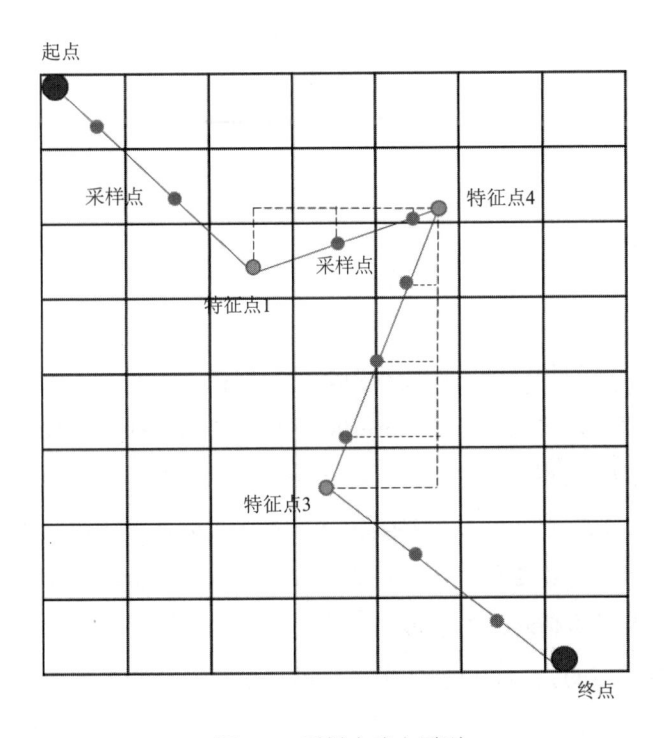

$$Y_m = Y_n + d_2 m \tan\alpha \quad \text{式 6-8}$$

图 6-6 采样点确定原则

m 是整数，当 $M \leqslant 0, m \in [M, 0]$，当 $M > 0$，$m \in (0, M], m \in Z$。

其中 (X_n, Y_n) 为某一特征点的经纬度，(X_m, Y_m) 为新增采样点的经纬度，d_1、d_2 分别为南北和东西方向上的间隔距离，按所需要的精度进行划分，单位是米，一般可按照纬度 1 秒大约 30.9 米，经度 1 秒大约 23.6 米作为 d_1、d_2 的取值。本章考虑高程的空间分辨率，因此 d_1、d_2 取 30 米作为增加采样点的间距。

（三）考虑感知坡度对距离的影响

根据之前的步骤需要获取路径上相邻两点的实际坡度。通过 ArcGIS 提取路径上的起终点、增加的采样点等各坐标点相应的高程值。将 DEM 高程数据进行地理配准之后，利用 ArcGIS 提取各点的高程，获得含有高程数据的点集 $A' = \{(X_r, Y_r, H_r), (X_1, Y_1, H_1), \cdots, (X_{m+n}, Y_{m+n}, H_{m+n}), (X_s, Y_s, H_s)\}$。

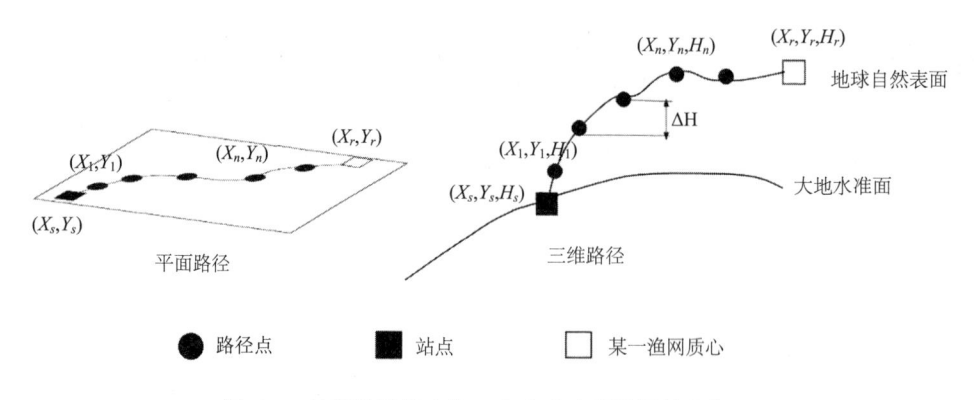

```
                                                              (X_n,Y_n,H_n)
                                                                            (X_r,Y_r,H_r)
                                                                               地球自然表面
                                         (X_n,Y_n)  (X_r,Y_r)    (X_1,Y_1,H_1)    ΔH
                                                                                           大地水准面
                    (X_1,Y_1)                                 (X_s,Y_s,H_s)

              (X_s,Y_s)
                       平面路径                                    三维路径

              ● 路径点        ■ 站点           □ 某一渔网质心
```

图 6-7　计算的路径点集 A 和含有高程数据的点集 A'

然后考虑坡度折减计算微观路网路径距离。根据相关研究可知，人感知的坡度与实际坡度存在一定的差距，普罗菲特等（Proffitt *et al.*，1995）利用指数模型构建人们对上坡和下坡坡度的估计。模型结果表明人们往往会过高估计坡度较大的（≈30°）下坡。平格尔（Pingel TJ，2010）利用普罗菲特等人的数据分析表明，下坡坡度被高估大约 2.3 倍，而上坡坡度被高估大约 2 倍。王寰等人（2011）也做了相应的实验，发现步行的视觉坡度估计值与实际坡度值相差约 5 度。

因此需要根据坡度的大小对计算出的实际距离进行一定的折减，以更贴合居民实际认知的出行距离。本章根据普罗菲特、平格尔、王寰等人的论文中提取出的数据大致得到人们感知坡度与实际坡度的关系如图 6-8、图 6-9。计算公式如下：

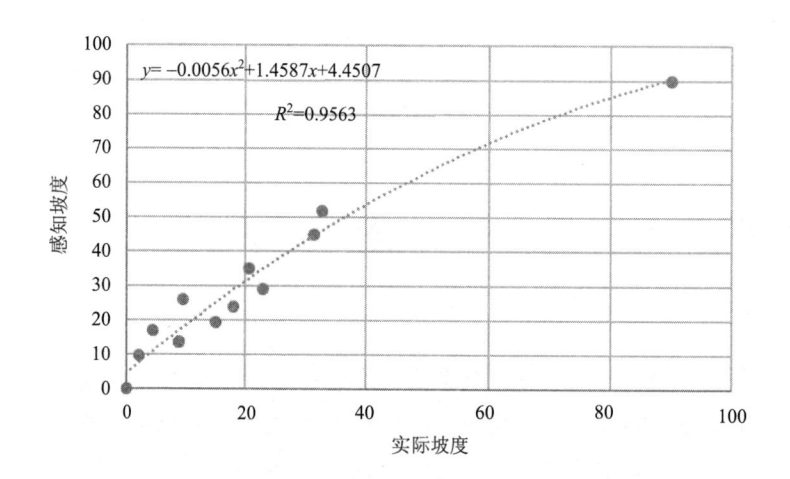

$$y = -0.0056x^2 + 1.4587x + 4.4507$$

$$R^2 = 0.9563$$

图 6-8　感知坡度与实际坡度的函数（上坡）

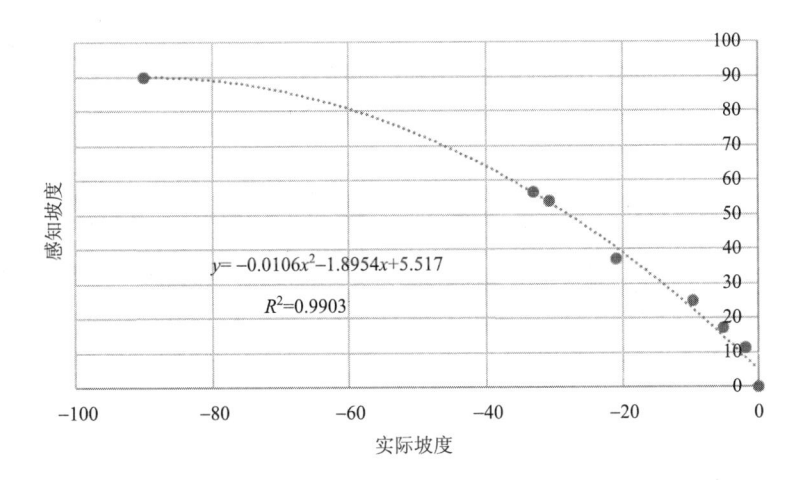

图 6–9 感知坡度与实际坡度的函数（下坡）

$$\theta = \arctan\left(\frac{H_{n+1} - H_n}{\sqrt{(Y_{n+1} - Y_n)^2 + (X_{n+1} - X_n)^2}}\right) \quad \text{式 6-9}$$

$$\theta' = \begin{cases} -0.0106\theta^2 - 1.8954\theta + 5.157 & \theta < 0 \\ -0.0056\theta^2 + 1.4587\theta + 4.4507 & \theta > 0 \end{cases} \quad \text{式 6-10}$$

$$d_n = \frac{H_{n+1} - H_n}{\sin\theta'} \quad \text{式 6-11}$$

其中 A 是增加了采样点的路径点坐标的集合，A' 是路径点坐标、高程的集合，θ 是相邻两个点的坡度，θ' 是相邻两个点的感知坡度，d_n 是在相邻两个点之间人们的微观路网的路径距离。

（四）计算公交站点步行覆盖率

本章将研究区域根据高程数据的空间分辨率划分成 30×30 米的网格，取每一网格的质心作为起点（X_r, Y_r），公交车站作为终点（X_s, Y_s），然后利用互联网地图开放数据、DEM 数据计算每对起终点的出行距离，计算方式如下：

$$S' = \{(X_r, Y_r), (X_1, Y_1), (X_2, Y_2) \cdots (X_n, Y_n), (X_s, Y_s)\}$$

$$A = f_{ap}(S')$$

$$A' = f_h(S', H)$$

$$d_n = f_{sense}(A_n, A_{n+1}) \quad \text{式 6-12}$$

$$D = \sum d_n \quad \text{式 6-13}$$

D 为起点 (X_r, Y_r) 到终点 (X_s, Y_s) 的微观路网路径距离。其中，S' 为增加了起终点坐标和采样点路径坐标的集合，A 增加了采样点的路径坐标集合，增加采样点的方法 f_{ap}，A' 是提取了高程的坐标点的集合，H 为 DEM 数据集，f_h 为通过 ArcGIS 提取坐标点相应的高程值，d_n 相邻两个点的微观路网路径距离，f_{sense} 是考虑感知坡度折减计算出行距离的函数。f_{ap}，f_{sense} 的计算方式如前文所述。

最后，根据站点到周边栅格质心的距离和距离阈值，筛选出站点 300 米覆盖的栅格范围，如图 6–10 为部分地区的公交站点的覆盖范围，与 300 米缓冲区边界相比，新方法计算的范围更小，考虑了道路绕行、出入口位置、水系分割等问题。

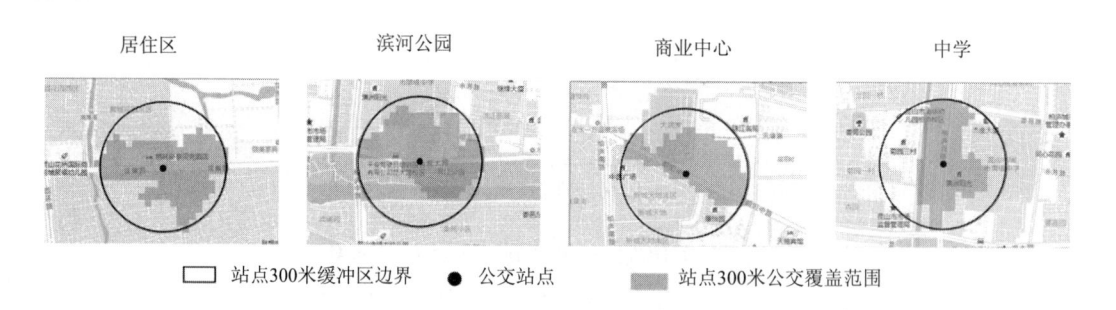

图 6–10　基于微观路网和基于缓冲区的 300 米公交站点步行覆盖率对比

三、基于微观路网的职住覆盖率分析方法

城市的公交服务水平的提升，可能会吸引更多的居民在早晚高峰时减少私家车出行，转而使用公交出行，从而对优化城市交通状况和通勤环境具有重要作用。《城市综合交通体系规划标准》中提出"集约型公共交通站点 500 米服务半径覆盖的常住人口和就业岗位，在规划人口规模 100 万以上的城市不应低于 90%"，但并未具体说明如何计算公交站点 500 米服务半径覆盖的常住人口和就业岗位。

国内外在此方面都有一定的研究基础，尤其国外在此方面研究相对深入，但仍存在研究单元、数据获取等问题。如今在新数据环境下，手机信令数据等数量大、更新快、范围广的数据可为识别居住人口和就业岗位提供数据支持，从而为分析城市公交覆盖的居住人口和就业岗位提供新的思路和方法。

（一）地块居住人口和就业岗位的计算

国外公交覆盖率一般也会考虑车站覆盖的人口、就业岗位、经济活动等人文因子。在此过程中由于人口、就业岗位等统计单元和覆盖空间等不一致，通常采用缓冲区比例法、网络比例法等计算方法叠合统计单元的人文因子与车站覆盖的空间。为方便解释，以下计算方式皆以人口统计及分配为例进行说明。

1. 缓冲区比例法

该方法假设人口在统计单元内用地或者建筑用地平均分布，缓冲区占用地或者建筑面积等空间指标的比例作为公交覆盖的比例，按统计单元的人口总数按比例计算后即为公交站点覆盖的人口数量，如图 6–11，具体的计算方式可表达为：

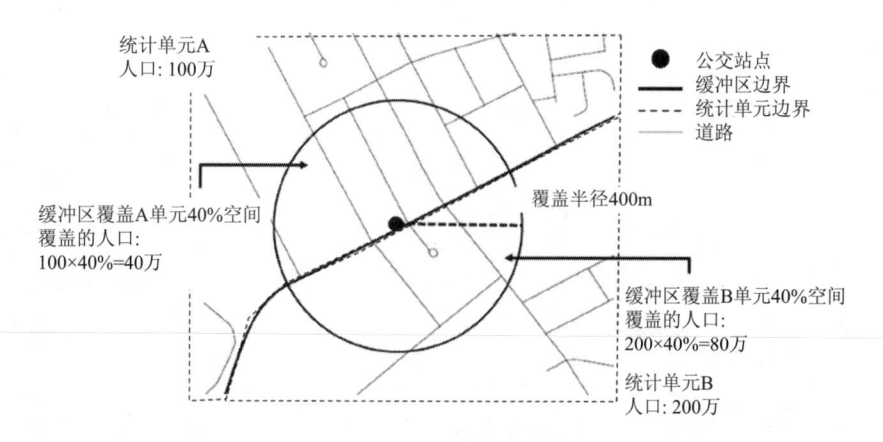

图 6–11　缓冲区比例法

资料来源：Jung Y *et al.*，2020。

$$p = \sum_{0}^{i} \frac{s_i}{S_i} \times P_i \qquad \text{式 6–14}$$

p 表示公交覆盖的人口，P_i 表示某一统计单元 i 的总人口，s_i 表示某一站点缓冲区覆盖的统计单元 i 的空间指标，S_i 表示某一统计单元 i 内的空间指标。

2. 网络比例法

该方法由尼尔等（O'Neill *et al.*，1992）提出，利用 GIS 的网络分析，基于实际路网划定公交覆盖范围，并假设统计单位内所有人口沿街均匀分布，通过计算在阈值范围内的街道长度所占统计单元总街道长度的比例进行人口的分配，如图6-12，具体计算公式如下：

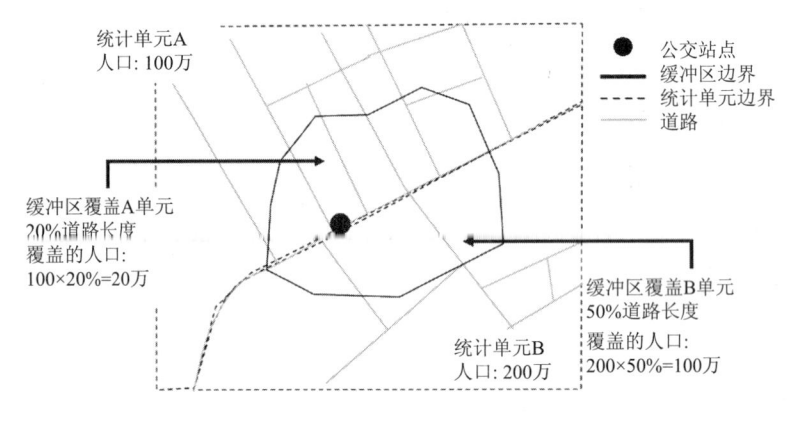

图6-12 网络比例法

$$p = \sum_0^i \frac{l_i}{L_i} \times P_i \qquad 式6-15$$

其中 p 表示公交覆盖的人口，P_i 表示某一统计单元 i 的总人口，l_i 表示某一站点基于路网覆盖的统计单元 i 的街道总长，L_i 表示某一统计单元 i 内的总街道长度。

3. 利用大数据推断

部分研究提出按照居住单元的卧室数量、户型大小等统计地块人口（Kimpel et al.，2007；Zhao et al.，2013），此类数据多是基于网站发布的租赁信息获取，存在数据滞后、缺失等问题。随着手机的普遍使用，越来越多的人开始用手机信令数据、腾讯位置、微博位置等数据识别人口和就业岗位。其中手机信令数据抽样率大、分布广、更新快，相对户型、居住单元、腾讯位置等数据而言，数据质量更高。区域内就业岗位、居住人口越多，经济活动量越大，相应类型的建筑面积消耗就越大。因此，人口、就业岗位与建筑面积之间存在某种线性关系。本章参照相关研究（徐建刚等，1994；任智等，2020），通过手机信令数据的预处理，判定出每个基地的居住人口和就业岗位后，采用类似于缓冲区比例法，假设基站内所有居住人口平均分布至居住的建筑用地之中，所有就业岗位平均分布至非居住的建设用地之中（除公园绿地、道路设施用地等），然后计算每个基站中的居住人口和就业岗位密度，再按居住用地的建筑面积计算该地块的居住人口数，按

非居住用地的建筑面积计算该地块的就业岗位,用于之后的计算分析,如图 6–13。具体计算公式如下:

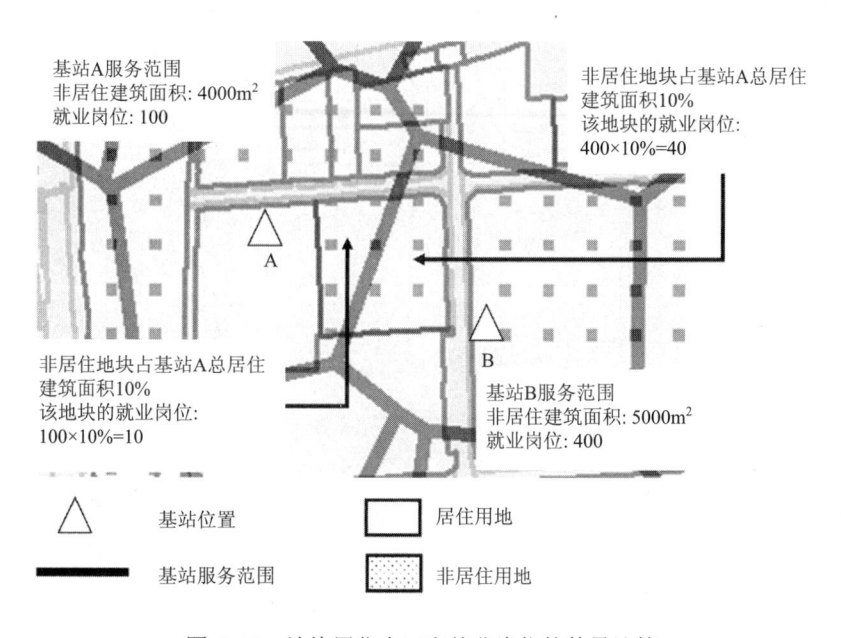

图 6–13 地块居住人口和就业岗位的数量计算

$$n=\sum_{0}^{i}N_i\frac{r_i}{R_i} \qquad 式 6-16$$

n 表示该地块的居住人口/就业岗位,N_i 表示该地区覆盖的某一基站 i 的居住人口/就业岗位数,r_i 表示该居住地块/非居住用地的建筑面积,R_i 表示某一基站 i 的居住用地总建筑面积/非居住用地的总建筑面积。

(二)职住覆盖率的推断

采用地块网络法计算公交覆盖的居住人口和就业岗位。该方法由毕巴等(Biba *et al.*, 2010)提出,根据每个地块的质心到公交站点的距离进行人口分配,如图 6–14,具体计算公式如下:

$$p=\sum_{0}^{i}w\times P_i \qquad 式 6-17$$

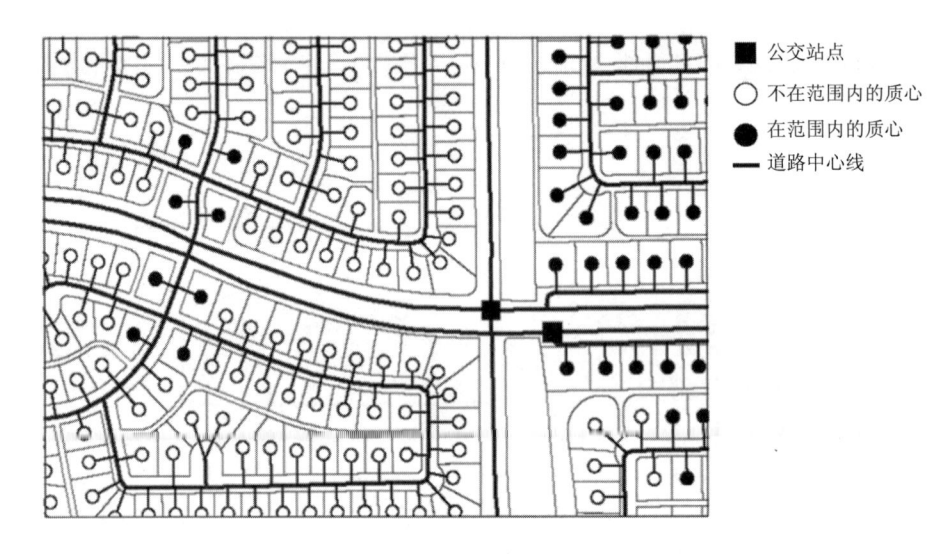

图 6–14　地块网络法

公交站点
不在范围内的质心
在范围内的质心
道路中心线

$$w = \begin{cases} 1 & d \leqslant l \\ 0 & d > l \end{cases} \qquad 式 6\text{--}18$$

其中，p 表示公交覆盖的人口，P_i 表示某一地块 i 的总人口，w 表示权重，当地块质心到站点的距离 d 小于覆盖的距离阈值时，w 为 1，反之则为 0。

一般地块网络法相对来说拥有较高的精度，基于网络路径可考虑路网中的障碍等因素，基于地块的评估可降低数据的缺失。必要时也可以将基于地块的结果汇总到更大的面积单位，并按人口加权，对区域单元的位置或边界不太敏感（Logan et al.，2019）。

通过手机信令数据推断每个地块包含的居住人口和就业岗位后，本章基于地块网络法推断公交人文覆盖率的基本流程如图 6–15，主要分为三个步骤：

1. 首先提取出地块的质心。该质心包含每个地块的居住人口和就业岗位的数量。

2. 计算质心距离公交站点的距离。该距离的计算为上节提出的考虑坡度影响的基于微观路网的距离，精度相对较高。

3. 计算职住覆盖率。选择在距离阈值范围内的质心统计就业岗位和居住人口的数量，作为公交覆盖的居住人口和就业岗位的总量。

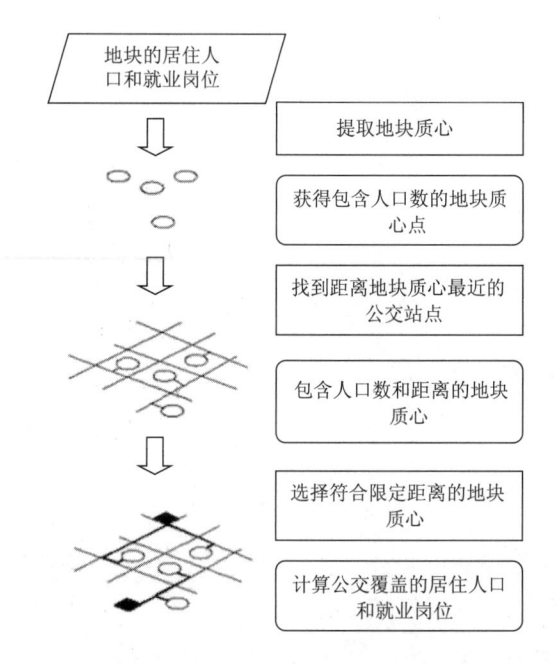

图 6-15　公交覆盖的居住人口和就业岗位的计算流程

第三节　实　证

一、研究范围与数据

（一）研究范围

本章研究范围为昆山市中心城区"一核两翼三区"，如图 6-16。

昆山市在 2016 年被列为创建"江苏省公交优先示范市"试点城市，2017 年被列为创建"国家公交都市"试点城市。随着公交两市创建工作的持续全面推进，截至 2019 年底，全市已拥有公交线路 245 条、场站 78 座、车辆 1 698 辆、站点 3 258 个，公共交通站点 500 米覆盖率为 100%，公共交通日均客流 60.43 万人次，在创建公交两市各项指标评分中取得了优异成绩。

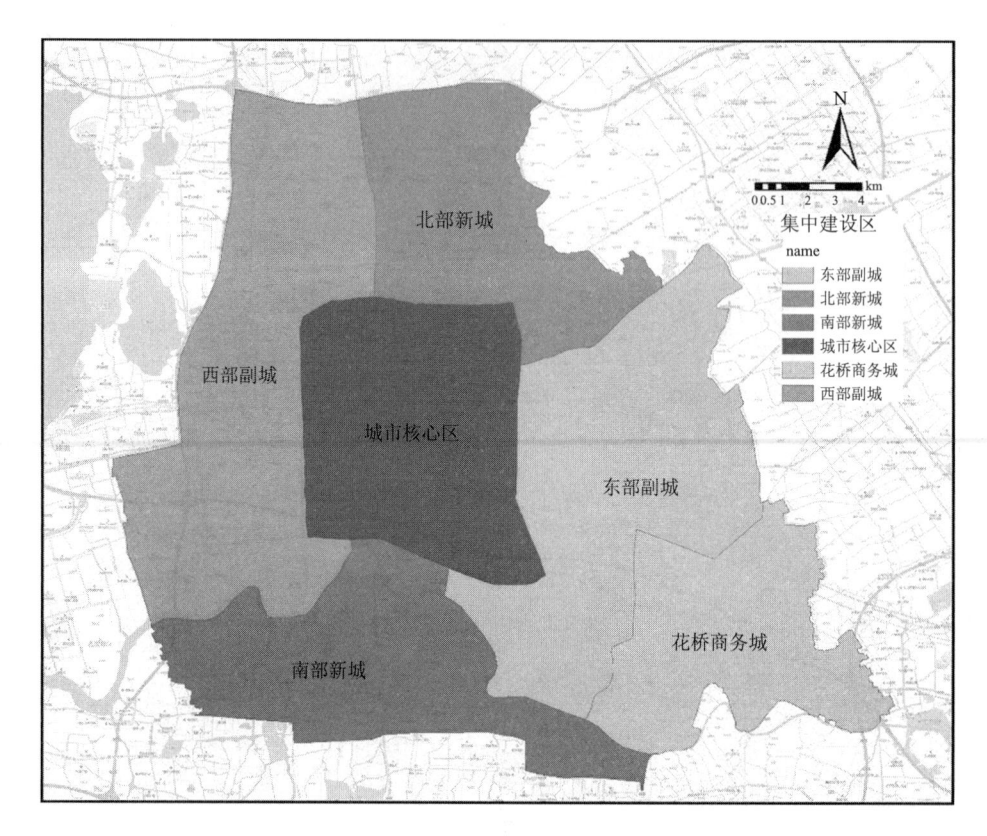

图 6-16 研究范围

（二）数据准备

本章主要使用了互联网地图数据（POI、路径规划数据）、手机信令数据、DEM 数据，路径规划数据、手机信令数据。相关介绍、获取及处理方法可参考本书第二章。

1. 互联网地图数据

（1）站点 POI 数据

传统的地理信息采集方法需要地图测绘人员采用精密的测绘仪器获取信息点的经纬度，通常耗时耗力。地图开放平台则提供了一个集成各种地图信息的系统，为兴趣点（POI）信息的下载提供了搜索服务 API。一般每个 POI 包含四方面信息，名称、类别、坐标、分类。地图开放平台包含餐饮服务、道路附属设施、风景名胜等 23 个大类，264 个中类，869 个小类的兴趣点类型的查询。

将研究区域划分成 5 千米×5 千米栅格后，通过 Python 编程利用搜索服务 API 以公交站为关键词，多边形搜索获取研究范围 500 米缓冲区内的公交站点 1 497 个，完全在研究范围内的有 1 197 个，其空间分布如图 6–17 所示。

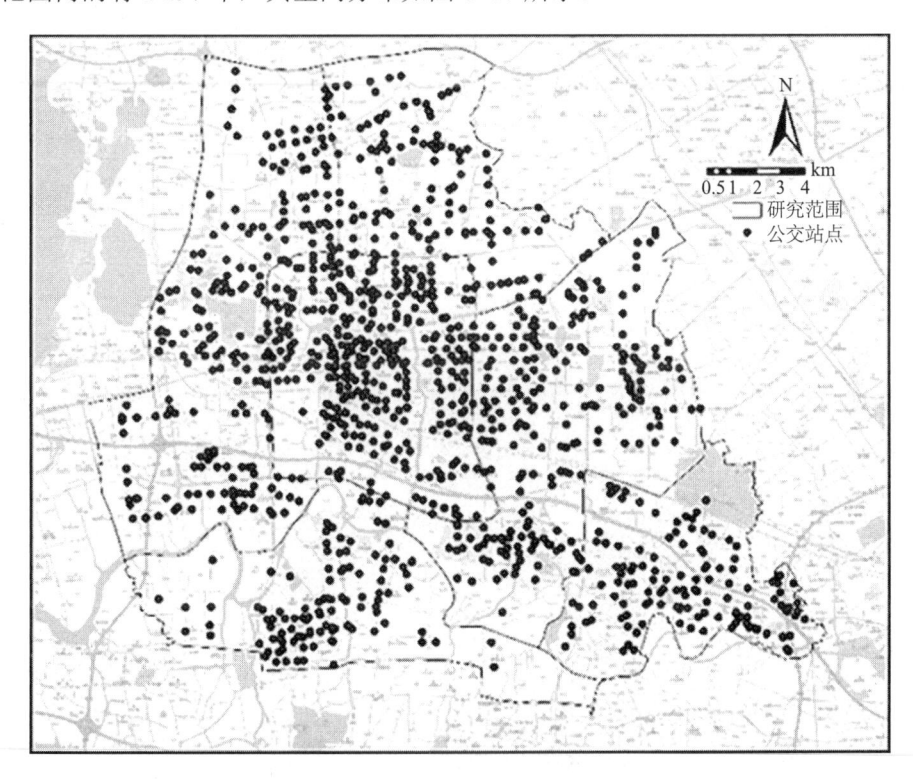

图 6–17　公交站点的分布

（2）路径规划数据

目前互联网地图开放平台可提供路径规划 API 获取路径信息。该路径规划数据具有实时性、广泛性的特点。汇集实际路网的交通设施、信号控制等信息，能够较为准确地表达基于实际路网人们的出行距离。

为计算研究范围内约 1 200 个站点的公交覆盖率，本章将研究区域网格化成 30 米×30 米的栅格，以每个栅格的质心作为起点，公交站点作为终点，利用路径规划 API 用 Python 编程批量获取公交站点到其周边一定范围内栅格质心的步行平面距离及路线，为之后结合高程数据进行微观路网路径距离的转换提供路径信息。

2. 手机信令数据

本章研究使用的是中国移动公司的信令数据,占市场份额 30%以上,包含昆山市 2018 年 6 月所有移动用户通信、移动的信息,包括匿名用户号码信息(不涉及个人信息)、信令发生的时间、信令发生时连接的基站等内容。

借鉴相关研究(Wang et al.,2009),本章以基站为中心划分泰森多边形作为手机基站服务的范围,如图 6–18。在研究范围内共有 2 379 个研究单元,其中覆盖城市核心区有 974 个研究单元。通过数据预处理,判定居住人口与就业岗位。

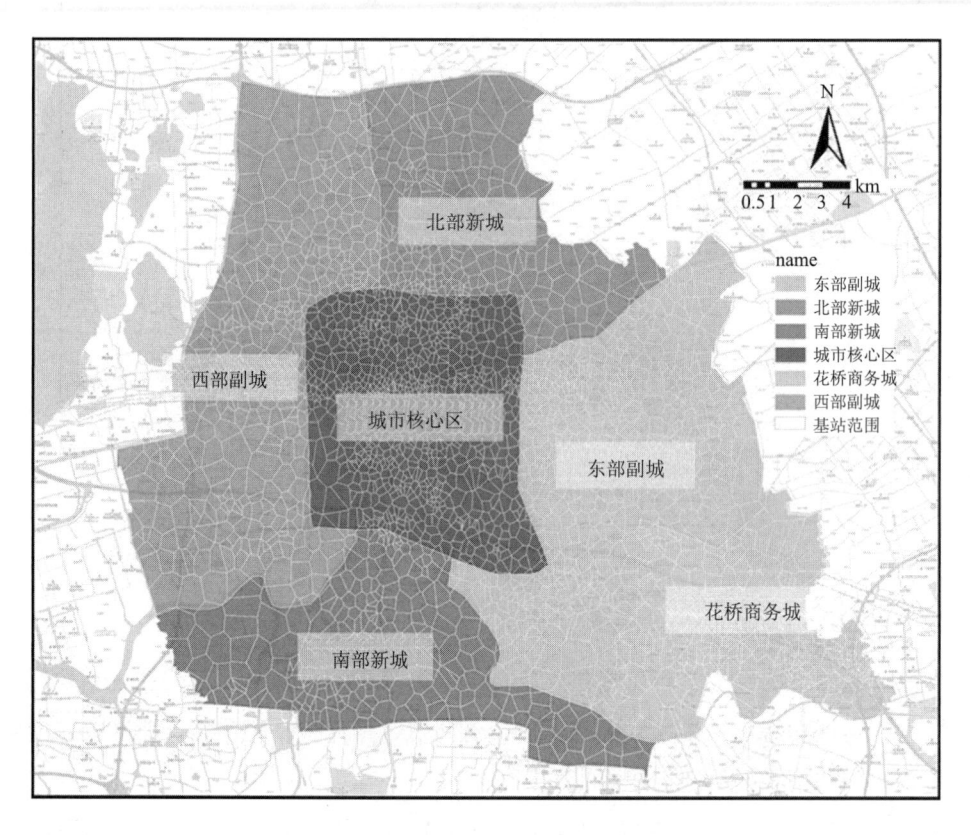

图 6–18 基站覆盖范围

3. 数字高程模型

大地水准面是在没有其他因素(如风和潮汐)的情况下,海面在重力和地球自转的影响下将呈现的形状。为了建立地球坐标系，测绘上选择一个形状和大小与大地水准面最为接近的旋转椭球代替大地水准面。在实践上先用重力技术推算出大地水准面，然后计算拟合出跟大地水准面最密合的一个旋转椭球体（钟业勋等，2010）。绝大多数的路径计算是基于该椭球体而获得的平面路径距离，而现实中地球自然表面的实际距离还需要考虑高程的影响（如图6–19）。

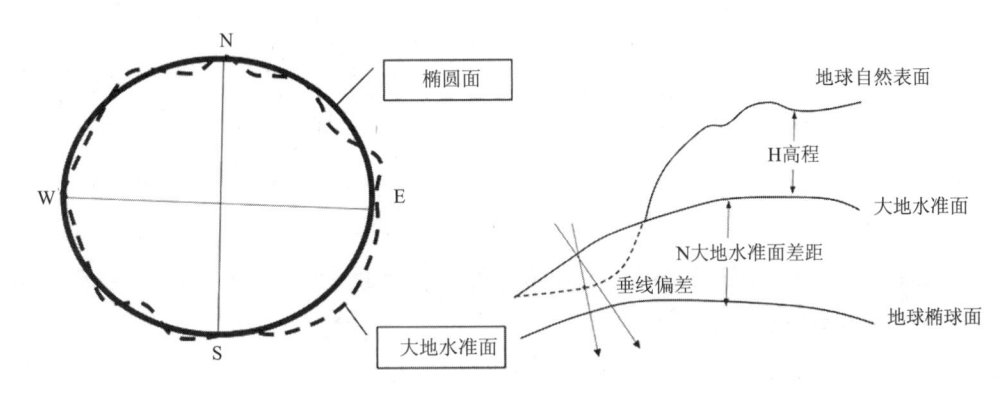

图 6–19　大地水准面与椭球面

高程是大地高程以椭球面为基准面，由地面点沿其法线到椭球面的距离。在地理信息系统中，通常用DEM数据表示高程数据。DEM数据是有限的地形高程数据，通过高程内插、地图代数、高精度数据曲面等方法对地形进行的数据化模拟（汤国安，2014）。DEM数据可从摄影测量、地面测量、已有地形图数字化、已有的DEM库中提取等方式获得。

本章采用的是中国科学院计算机网络信息中心发布的ASTER GDEM V2数据。该数据垂直精度20米，空间分辨率为30米，数据时期为2009年，地理坐标系为WGS1984坐标系，投影坐标系为北纬50分度带的墨卡托投影坐标系。ASTER GDEM数据产品基于先进星载热发射和反辐射计（ASTER）数据计算生成，是目前唯一覆盖全球陆地表面的高分辨率高程影像数据。ASTER GDEM共有V1、V2两版数据，本次使用的ASTER GDEM V2数据相对ASTER GDEM V1具有较高的空间分辨率和垂直精度。

二、公交站点步行可达性分析

本节主要总结公交站点步行可达性各种计算方式的优缺点，提出基于微观路网的步行距离计算方法。基于新的步行距离计算方式，利用高程数据、互联网路径规划数据等计算公交站点周围 300 米、400 米、500 米步行覆盖范围及空间结构特征，基于手机信令数据和建筑、用地等数据，利用地块网络法计算步行覆盖范围内的就业岗位和居住人口，并且对比分析了基于缓冲区和基于微观路网两种方法的步行可达性计算结果的差异。

（一）基于缓冲区的公交站点步行空间覆盖率

实际应用中直线距离的站点步行覆盖率计算往往基于站点的缓冲区。利用 ArcGIS 计算基于站点缓冲区的昆山市城市集中建设区的步行 300 米、400 米和 500 米的步行空间覆盖率，如表 6–2。总体来说，昆山市集中建设区的 300 米公交站点步行覆盖率约为 82%，400 米覆盖率约为 89%，500 米覆盖率约为 92%。其中城市核心区的公交站点步行覆盖率远远高于其他组团；东部副城、花桥商务城处于第二梯队；北部新城、西部副城，南部新城的覆盖率最低。

表 6–2　基于缓冲区的昆山市城市集中建设区的公交站点步行覆盖率情况

	300 米覆盖率	400 米覆盖率	500 米覆盖率
东部副城	84.00%	91.17%	95.73%
西部副城	79.17%	86.36%	90.46%
南部新城	59.73%	67.98%	72.66%
北部新城	78.98%	92.14%	94.83%
城市核心区	93.44%	96.90%	98.68%
花桥商务城	85.22%	92.02%	95.17%
总计	81.78%	88.83%	92.27%

（二）基于微观路网的公交站点步行空间覆盖率

利用 ArcGIS 和 Python 分别计算基于微观路网的昆山市城市集中建设区的步行 300 米、400 米和 500 米的公交站点步行空间覆盖率，如表 6–3。总体来说，昆山市集中建设区的 300 米公交站点步行覆盖率约为 23%，400 米的覆盖率约为 38%，500 米覆盖率约为 51%。其中城市核心区的公交站点步行覆盖率远远高于其他组团，东部副城、北部新城处于第二梯队。东部副城的覆盖率略高于北部新城。花桥商务城、西部副城，南部新城的覆盖率最低。

表 6–3　昆山市城市集中建设区的公交站点步行覆盖率情况

覆盖率	300 米覆盖率	400 米覆盖率	500 米覆盖率
东部副城	23.19%	38.39%	51.30%
西部副城	20.34%	34.46%	47.89%
南部新城	17.84%	28.86%	38.46%
北部新城	22.31%	36.05%	49.40%
城市核心区	30.81%	47.96%	61.40%
花桥商务城	20.73%	33.83%	47.78%
总计	23.42%	37.95%	50.83%

利用核密度分析其公交站点步行覆盖率分布格局，如图 6-20，大致呈七核一环一带的格局。七核包括城市核心区的中心，西部副城的南星渎村，南部新城的张浦，东部副城的蓬曦园，东部副城的时代公园、蓬朗中学附近，花桥东南角地铁、公路交汇处，花溪畔。一环是指北部新城的周市镇外环的工业用地，一带是指国道 312—中环南线沿线。

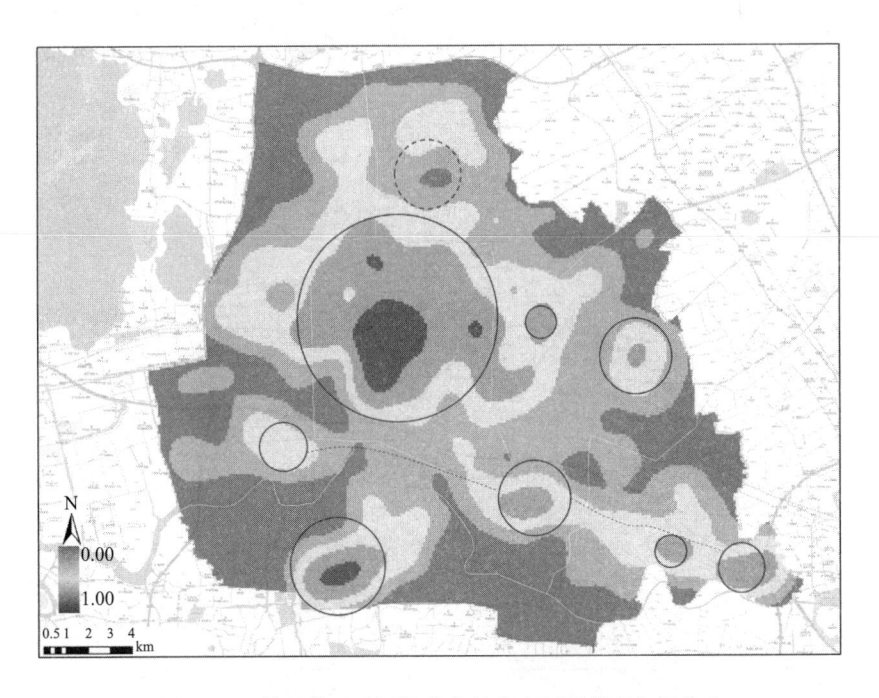

图 6-20　基于微观路网的公交站点步行覆盖率空间分布

根据空间自相关分析，如图6-21，不同覆盖率的站点在空间上具有集聚性。高覆盖率的站点主要集中在城市核心区的中部、宋家港路、鑫茂路、花苑路等地区。低覆盖率的站点主要集中在花桥商务区、日本机械园、高新区立交等地附近。

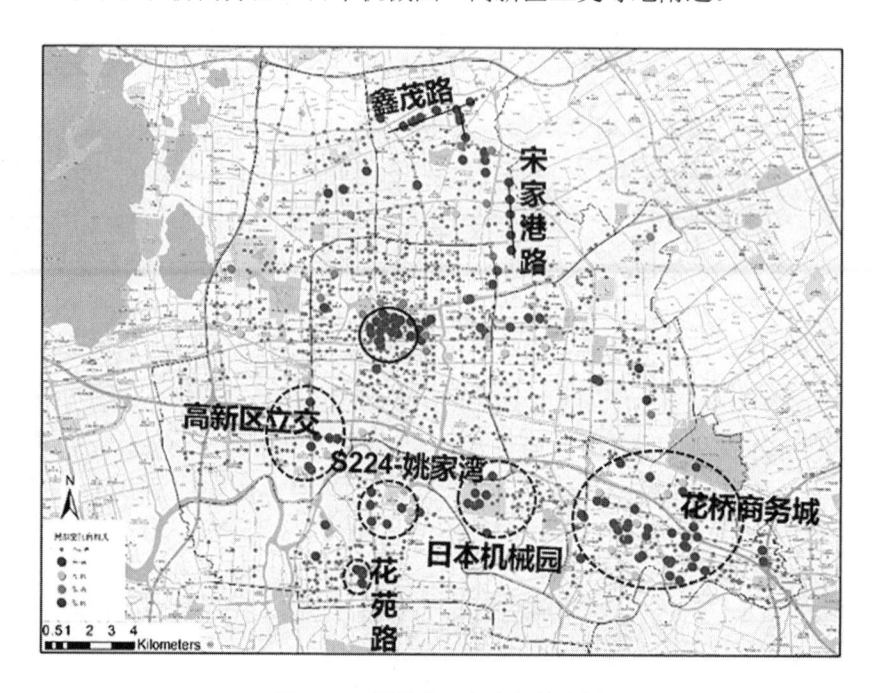

图6-21 覆盖率局部自相关分析

（三）基于缓冲区与微观路网的结果比较

分别基于缓冲区和微观路网计算三维最短步行路径计算300米、400米、500米公交站点步行覆盖范围如表6-4。与传统的缓冲区相比，其范围有所缩小且覆盖范围呈不规则形状，沿城市道路网分布，更符合实际出行情况。

表6-4 公交站点步行覆盖率对比

覆盖率	基于微观路网			基于缓冲区		
	300米覆盖率	400米覆盖率	500米覆盖率	300米覆盖率	400米覆盖率	500米覆盖率
东部副城	23.19%	38.39%	51.30%	84.00%	91.17%	95.73%
西部副城	20.34%	34.46%	47.89%	79.17%	86.36%	90.46%
南部新城	17.84%	28.86%	38.46%	59.73%	67.98%	72.66%

续表

覆盖率	基于微观路网			基于缓冲区		
	300米覆盖率	400米覆盖率	500米覆盖率	300米覆盖率	400米覆盖率	500米覆盖率
北部新城	22.31%	36.05%	49.40%	78.98%	92.14%	94.83%
城市核心区	30.81%	47.96%	61.40%	93.44%	96.90%	98.68%
花桥商务城	20.73%	33.83%	47.78%	85.22%	92.02%	95.17%
总计	23.42%	37.95%	50.83%	81.78%	88.83%	92.27%

基于微观路网的覆盖范围与传统缓冲区所得的覆盖范围相比相对较小，占缓冲区覆盖率的 1/4~1/2。其中城市核心区的公交站点步行覆盖率普遍最高，而其他地区在两种方法得到的覆盖率排序却不相同。在缓冲区覆盖率中，东部副城和花桥商务城覆盖率处于第二梯队；其次是西部副城和北部新城，南部新城覆盖率较低。而在基于微观路网的覆盖率中，花桥商务城的覆盖率比东部副城、北部新城的覆盖率低；东部副城、北部新城处于第二梯队；花桥商务城、西部副城次之；南部新城覆盖率仍是最低的。

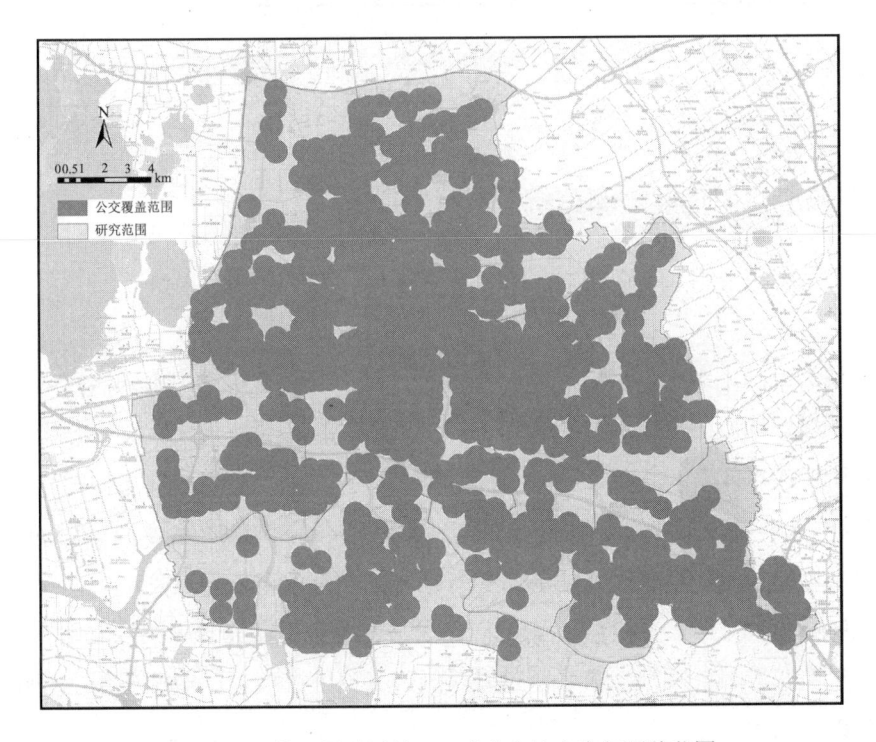

图 6-22 基于缓冲区的 500 米公交站点步行覆盖范围

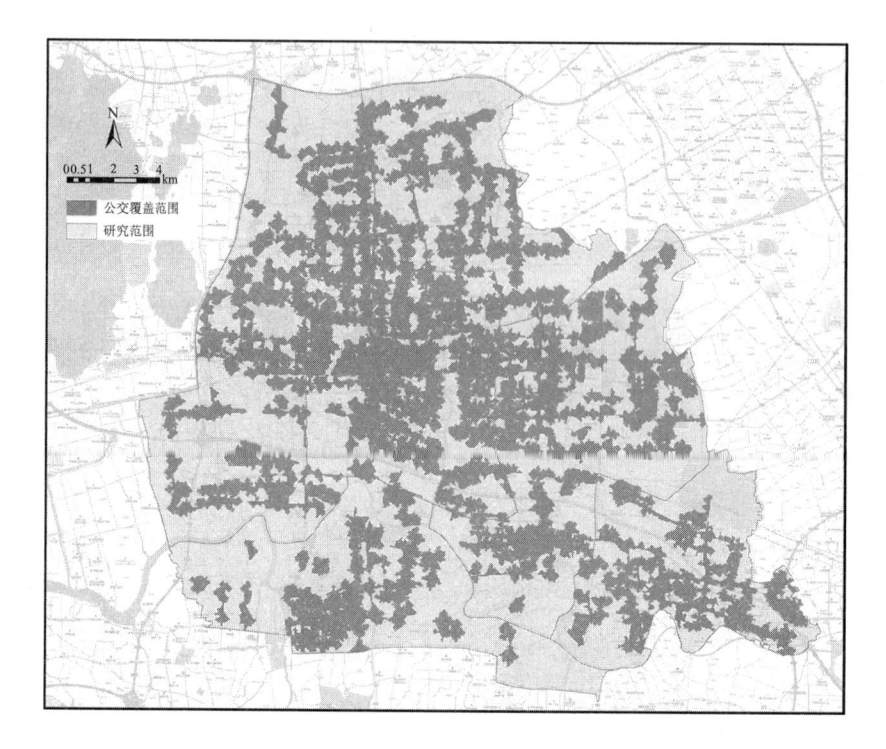

图 6–23　基于微观路网的 500 米公交站点步行覆盖范围

三、城市核心区职住覆盖率分析

（一）居住人口和就业岗位分布

根据昆山市 2018 年常住人口 166.59 万人，对手机信令数据识别的居住人口和就业岗位进行扩样，以昆山市城市核心区为例，覆盖其范围的基站有 974 个，基于手机信令数据识别所得的居住人口约有 40 万人，就业岗位约有 21 万个。居住用地的建筑面积约为 2 154 公顷，非居住用地的建筑面积（除公园绿地、道路设施用地等）约为 2 651 公顷。

用昆山市的手机信令数据和建筑面积数据，计算昆山市核心区各地块分配的居住人口和就业岗位数量如图 6–24、图 6–25。居住用地主要集中在前进中路以北地区；大部分就业岗位集中在青阳港以东，中环东线以西的带状地区；部分商业服务用地分布城市中心及居住组团之中。

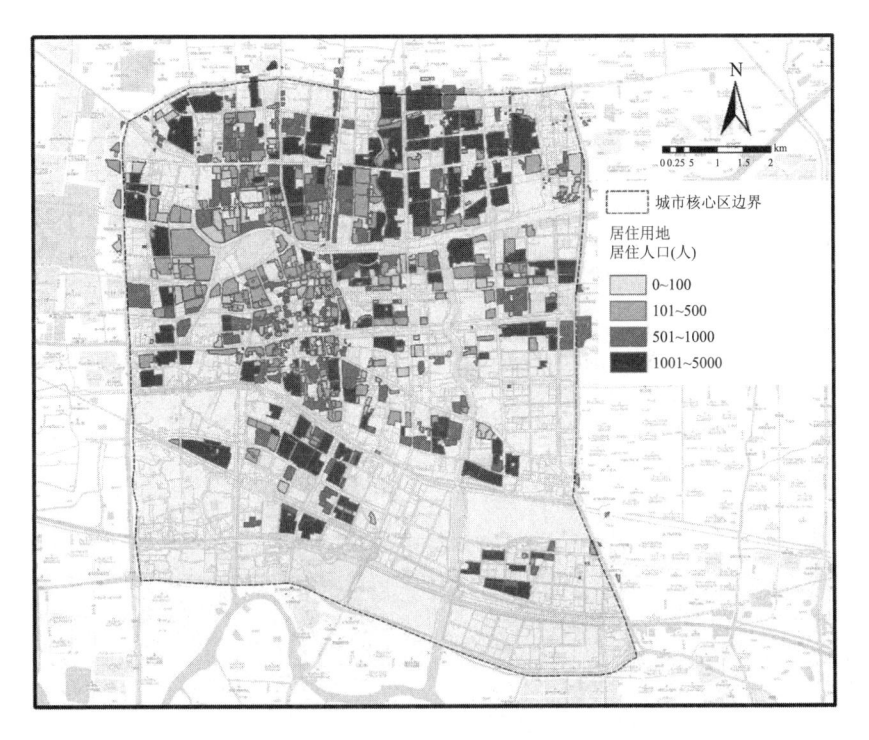

图 6-24　昆山市核心区各地块的居住人口数量

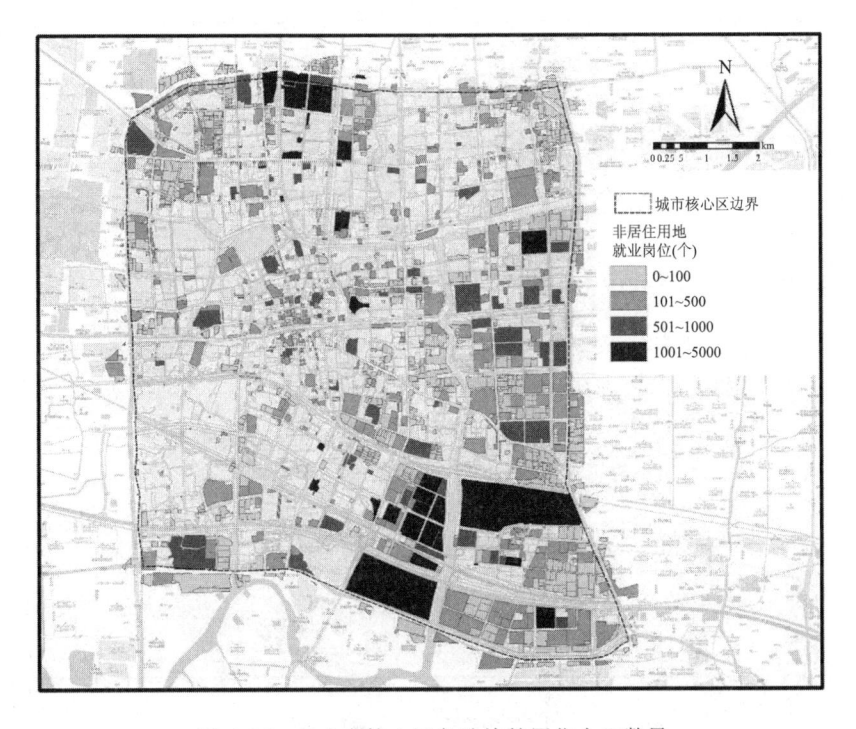

图 6-25　昆山市核心区各地块的居住人口数量

（二）基于缓冲区的公交职住覆盖率

公交居住人口和就业岗位覆盖率如表 6–5，空间分布如图 6–26、图 6–27 所示。城市核心区 500 米、300 米覆盖的居住人口和就业岗位相差不大，500 米覆盖率约为 94%，300 米居住人口和就业岗位覆盖率为 73%，400 米居住人口覆盖率约为 89%，就业岗位覆盖率约为 87%。总体来说，基于缓冲区所得的核心区的公交覆盖的居住人口和就业岗位数据较高，在 500 米覆盖范围内，能达到 90%以上。除此之外，核心区就业岗位的覆盖率要与居住人口的覆盖率相差不大，除了在 400 米覆盖范围内，居住人口的覆盖率略高于就业岗位的覆盖率。

表 6–5 基于缓冲区的公交职住覆盖率

	500 米覆盖率	400 米覆盖率	300 米覆盖率
居住人口	94.10%	89.05%	73.03%
就业岗位	94.41%	87.42%	73.03%

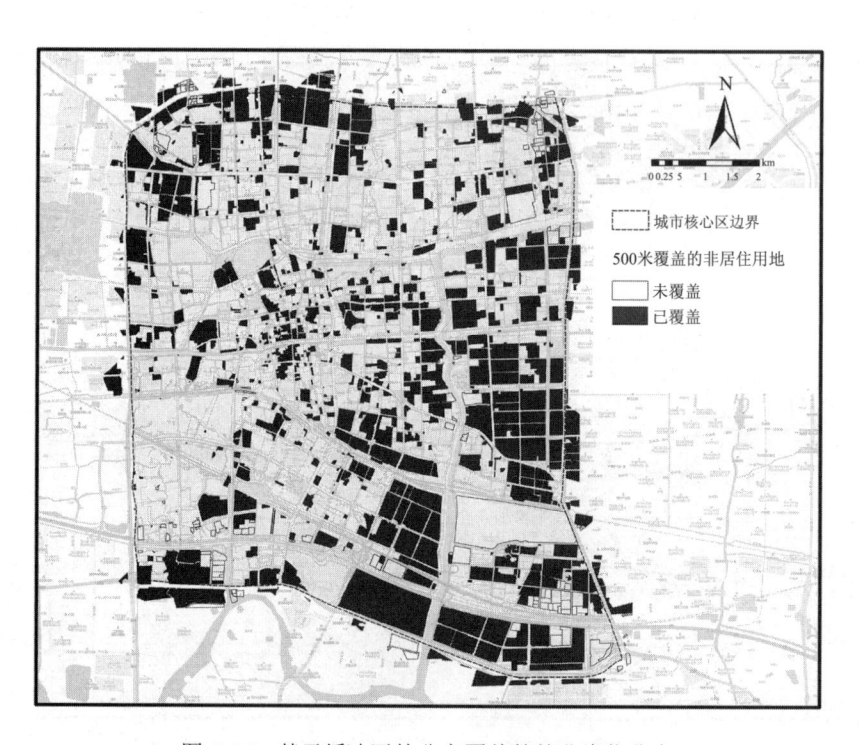

图 6–26 基于缓冲区的公交覆盖的就业岗位分布

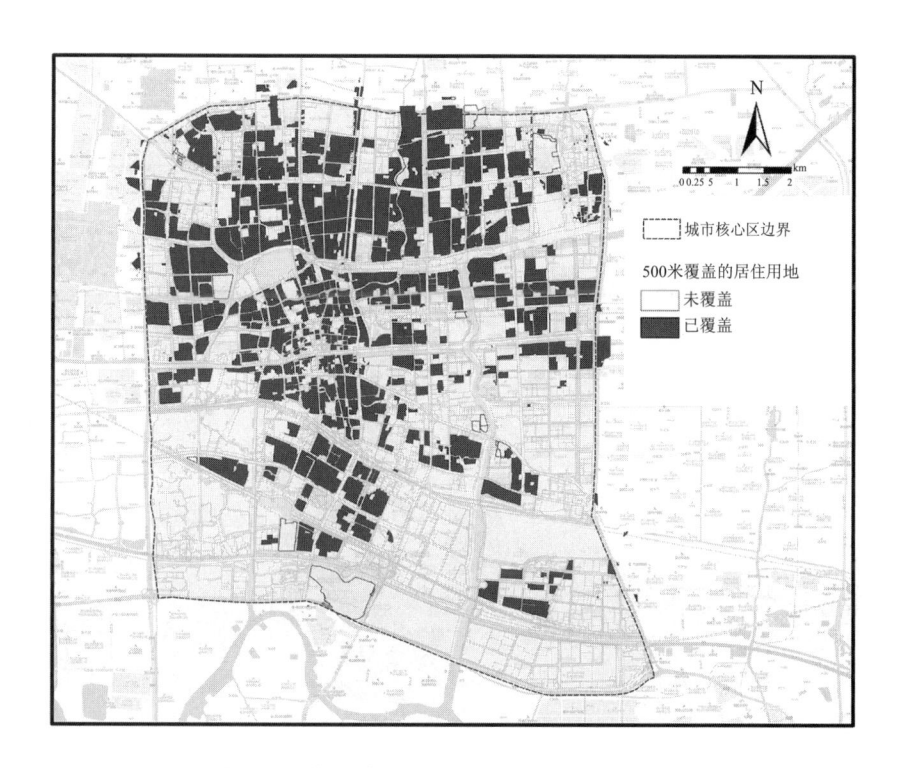

图 6–27　基于缓冲区的公交覆盖的居住人口分布

（三）基于微观路网的职住覆盖率

基于微观路网计算得到的公交的居住人口和就业岗位覆盖率如表 6–6，空间分布如图 6–28、图 6–29 所示。城市核心区 500 米覆盖的居住人口和就业岗位相差不大，约为 77%；400 米居住人口覆盖率约为 58%，就业岗位覆盖率 78%；300 米居住人口覆盖率为 40%，就业岗位覆盖率 65%。总体来说，核心区就业岗位的覆盖率要大于居住人口的覆盖率。

表 6–6　城市核心区的公交覆盖率

	500 米覆盖率	400 米覆盖率	300 米覆盖率
居住人口	77.93%	58.28%	40.32%
就业岗位	78.94%	78.28%	65.62%

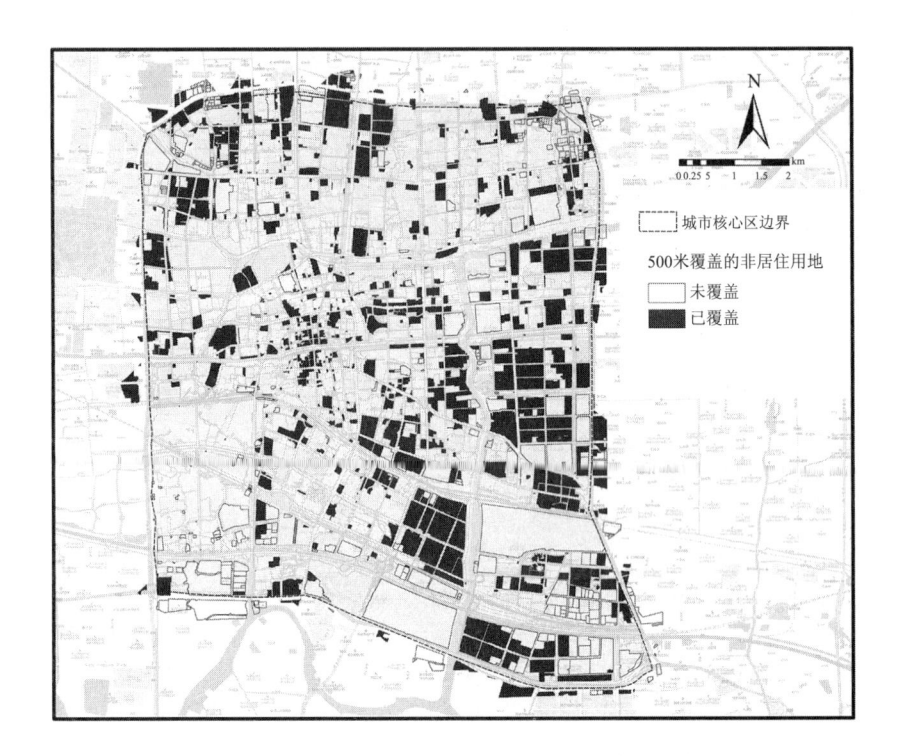

图 6–28　基于微观路网公交覆盖的就业岗位分布

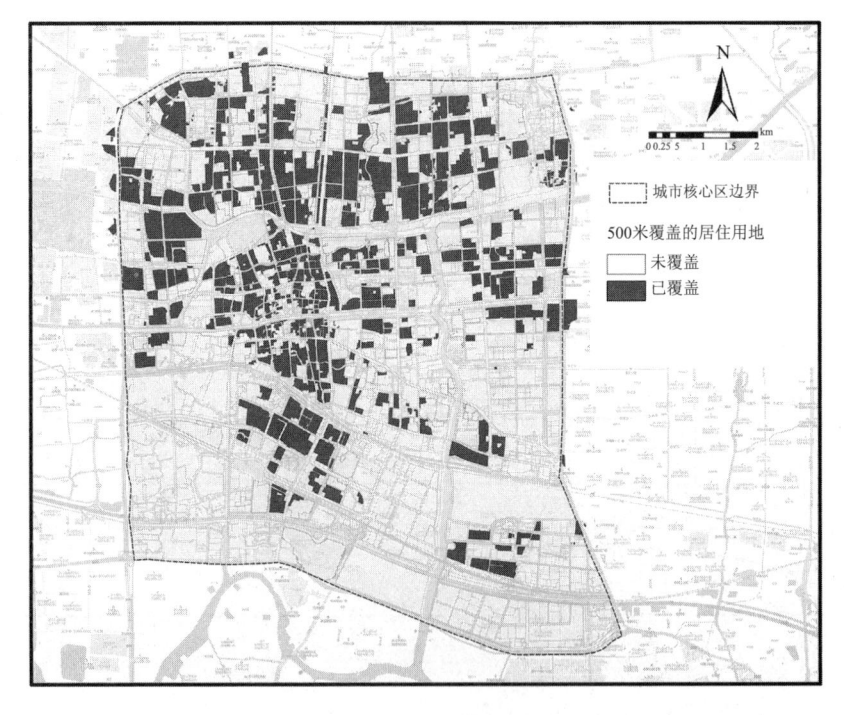

图 6–29　基于微观路网的公交覆盖的居住人口分布

（四）基于缓冲区与微观路网的结果比较

分别利用基于缓冲区和微观路网计算 300 米、400 米、500 米公交站点步行覆盖的居住人口和就业岗位如表 6-7。基于缓冲区的公交站点步行覆盖范围覆盖了大部分地块的质心，计算得到的核心区居住人口和就业岗位覆盖率皆在 90% 以上，符合相关规范。但基于微观路网计算所得的覆盖范围与传统的缓冲区相比，范围有所缩小，在 500 米阈值下，两者差距约 20%；在 300 米和 400 米的阈值下，两者差距更大，相差约 30%。同样，基于缓冲区计算所得的就业岗位的覆盖率大于居住人口，但相较基于微观路网的覆盖率而言，两者差距相对不显著。

表 6-7 居住人口和就业岗位公交站点步行覆盖率对比

	基于微观路网			基于缓冲区		
	500 米覆盖率	400 米覆盖率	300 米覆盖率	500 米覆盖率	400 米覆盖率	300 米覆盖率
居住人口	77.93%	58.28%	40.32%	94.10%	89.05%	73.03%
就业岗位	78.94%	78.28%	65.62%	94.41%	87.42%	73.03%

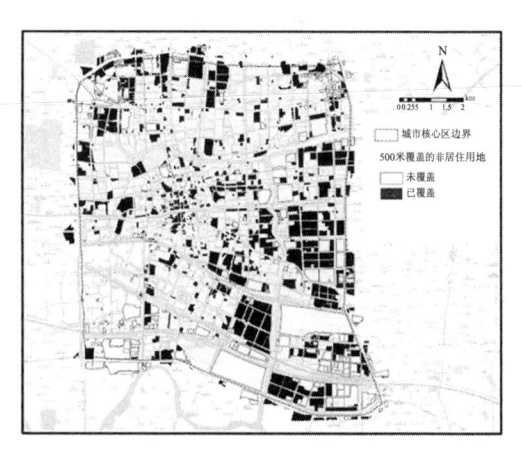

图 6-30 基于缓冲区（左）和基于微观路网（右）公交站点步行覆盖的就业岗位

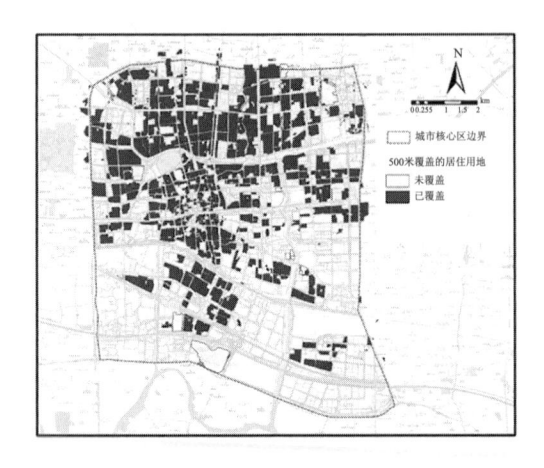

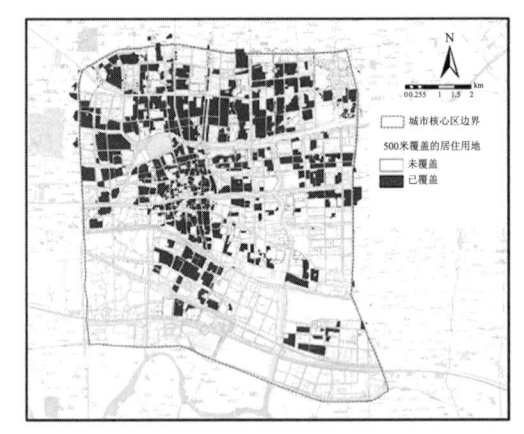

图 6–31　基于缓冲区（左）和基于微观路网（右）公交覆盖的居住人口

第四节　结　论

在新数据环境的背景下，为响应公交都市、公交优先等城市发展战略，本章结合开放地图平台、手机信令数据、DEM 高程数据等多源大数据，总结各公交站点步行可达性计算方式的优缺点，构建基于微观路网的公交站点步行可达性计算方式，为城市公交服务评价提供新的分析方法和思路。

以昆山市为例，计算基于微观路网的公交站点步行可达性。结合昆山市的手机信令数据，从公交服务的空间、人口、岗位角度分析昆山市核心区的公交服务能力，分析公交服务的空间结构特征，并分析该方法的计算结果与传统缓冲区计算结果的差异。最终得到以下结论：

1. 基于缓冲区的计算方式。昆山市集中建设区的 300 米公交站点步行覆盖率约为 82%，400 米覆盖率约为 89%，500 米覆盖率约为 92%。城市核心区 500 米、300 米覆盖的居住人口和就业岗位相差不大，500 米覆盖率约为 94%，300 米居住人口和就业岗位覆盖率为 73%，400 米居住人口覆盖率约为 89%，就业岗位覆盖率约为 87%。

2. 基于微观路网的计算方法。昆山市集中建设区的 300 米公交站点步行覆盖率约为 23%，400 米的覆盖率约为 38%，500 米覆盖率约为 51%。昆山市城市核心区 500 米覆盖的居住人口和就业岗位约为 77%，400 米居住人口覆盖率约为 58%，就业岗位覆盖率 78%，300 米居住人口覆盖率为 40%，就业岗位覆盖率 65%。总体来说，核心区就业岗位的覆盖率要大于居住人口的覆盖率。

3. 与传统基于缓冲区的所得的公交站点步行覆盖率相比，基于微观路网的公交站点步行覆盖率占缓冲区覆盖率的 1/2~1/4。从人口和就业岗位的覆盖率来看，在 500 米阈值下，基于微观路网的覆盖率与基于缓冲区计算的覆盖率差距约 20%，在 300 米和 400 米的阈值下，两者差距更大，相差约 30%。除此之外，相较基于微观路网的覆盖率而言，缓冲区居住人口和就业岗位的覆盖率差距相对不显著，说明基于缓冲区的公交站点步行覆盖率是一种乐观估计，与真实覆盖情况存在较大差距。

本章创新点在于基于微观路网构建了更精确的公交站点步行可达性计算方法，并利用多源大数据计算公交站点在步行适宜范围内覆盖的居住人口和就业岗位比例。但仍存在一定的研究局限与展望空间：

1. 影响感知距离的其他因素欠缺考虑

本章只考虑了坡度对感知距离的影响，但在实际过程中，路网的形态、周边用地性质等物质环境以及个人的年龄、出行目的、出行偏好等属性也会影响感知距离。以目前的研究成果还不足以再细化该感知距离的计算，未来可进一步结合不同社会属性进一步细化不同群体的感知距离，为针对性地提出周边用地和设施建设方案提供支持。

2. 所用数据存在局限性

虽然相较之前基于户型、居住单元等数据分配居住人口的方法，手机信令数据具有广泛性、实时性的优点，但空间精度是基站服务面积大小，基于不同用地类型的建筑用地面积在地块层面分配就业岗位和居住人口存在一定的误差，因此一方面需要进一步深化手机信令数据在基站内的人口分布研究，提出更合理的人口识别模型，同时也需要不断发展手机定位技术，为研究和政策分析提供更精确的用户位置数据。

3. 站点步行可达性与路网形态相关性有待探讨

在微观层面上，实际的公交站点步行可达性受城市道路网络的形态影响较大。未来可进一步分析路网形态与公交站点步行可达性间的相关性，从网络整体形态和网络特性两个角度出发，通过图像聚类和相关性分析等方法，总结利于提升公交站点步行可达性的典型路网形态，从而为微观层面路网与公交站点设施的有效整合与优化提供一定的理论依据。

参考文献

Alam, B. M., G. L. Thompson and J. R. Brown 2010. Estimating transit accessibility with an alternative method: evidence from Broward County, Florida. *Transportation Research Record: Journal of the Transportation Research Board*, Vol. 2144.

Allen, W. B., D. Liu and Singer, S. 1993. Accesibility measures of US metropolitan areas. *Transportation Research Part B: Methodological*, Vol. 27, No.6.

Banister, D., Y. Berechman 2001. Transport investment and the promotion of economic growth. *Journal of transport geography*, Vol. 9, No.3.

Batty, M. 1976. *Urban modelling*. Cambridge: Cambridge University Press.

Bederman, S. H., J. S. Adams 1974. Job accessibility and underemployment. *Annals of the Association of American Geographers*, Vol. 64, No.3.

Ben-Akiva, M. 1979, Disaggregate travel and mobility choice models and measures of accessibility. *Behavioural travel modelling*. Routledge.

Benenson, I., E. Ben-Elia and Y. Rofe, *et al.* 2017. The benefits of a high-resolution analysis of transit accessibility. *International Journal of Geographical Information Science*, Vol. 31, No.2.

Bertolini, L., F. Le Clercq and L. Kapoen 2005. Sustainable accessibility: a conceptual framework to integrate transport and land use plan-making. Two test-applications in the Netherlands and a reflection on the way forward. *Transport policy*. Vol. 12, No.3.

Bertolini, L, F. Le Clercq 2003. Urban development without more mobility by car? Lessons from Amsterdam, a multimodal urban region. *Environment and planning A*, Vol. 35, No.4.

Bhat, C., S. Handy and K. Kockelman, *et al.* 2000. Development of an urban accessibility index: Literature review.

Biba, S., K. M. Curtin and G. Manca 2010. A new method for determining the population with walking access to transit. *International Journal of Geographical Information Science*, Vol. 24, No.3.

Black, J., M. Conroy 1977. Accessibility measures and the social evaluation of urban structure. *Environment and Planning A*, Vol. 9, No.9.

Boisjoly, G., A. M. El-Geneidy 2017. The Insider: A Planners' Perspective On Accessibility. *Journal of Transport Geography*, Vol. 64.

Boisjoly, G., A. I. Moreno-Monroy and A. El-Geneidy 2017. Informality and accessibility to jobs by public transit: Evidence from the Sao Paulo Metropolitan Region. *Journal of Transport Geography*, Vol. 64.

Boschmann, E. E., M. P. Kwan 2010. Metropolitan area job accessibility and the working poor: Exploring local spatial variations of geographic context. *Urban Geography*, Vol. 31, No.4.

d'Arcier, B. F. 2014. Measuring the performance of urban public transport in relation to public policy objectives. *Research in Transportation Economics*, Vol. 48.

Bunel, M., E. Tovar 2014. Key issues in local job accessibility measurement: Different models mean different results. *Urban Studies*, Vol. 51, No.6.

Burns, C. M., A. D. Inglis 2007. Measuring food access in Melbourne: access to healthy and fast foods by car, bus and foot in an urban municipality in Melbourne. *Health & place*, Vol. 13, No.4.

Calthorpe, P. 1993. *The next American metropolis: Ecology, community, and the American dream*. Princeton architectural press.

Cao, X., P. L. Mokhtarian and S. L. Handy 2009. Examining the impacts of residential self‐selection on travel behaviour: a focus on empirical findings. *Transport reviews*, Vol. 29, No.3.

Casas, I. 2007. Social exclusion and the disabled: An accessibility approach. *The Professional Geographer*, Vol. 59, No.4.

Cervero, R. 1997. Paradigm shift: from automobility to accessibility planning. *Urban Futures (Canberra)*, Vol. 22, Part9.

Chen, Y., A. Rajabifard and J. Day 2017. An advanced web API for isochrones calculation using OpenStreetMap data. *In International Conference on Computers in Urban Planning and Urban Management*. Springer, Cham.

Cheng, C. L., A. W. Agrawal 2010. TTSAT: A new approach to mapping transit accessibility. *Journal of Public Transportation,* Vol. 13, No.1.

Cheng, J., L. Bertolini 2013. Measuring urban job accessibility with distance decay, competition and diversity. *Journal of Transport geography*, Vol. 30.

Curl, A., J. D. Nelson and J. Anable 2011. Does accessibility planning address what matters? A review of current practice and practitioner perspectives. *Research in Transportation Business & Management*, Vol. 2.

Currie, G. 2010. Quantifying spatial gaps in public transport supply based on social needs. *Journal of Transport Geography*, Vol. 18, No.1.

Dalvi, M. Q., K. M. Martin 1976. The measurement of accessibility: some preliminary results. *Transportation*, Vol. 5, No.1.

Demissie, M. G., S. Phithakkitnukoon and L. Kattan 2018. Trip distribution modeling using mobile phone data: Emphasis on intra-zonal trips. *IEEE Transactions on Intelligent Transportation Systems*, Vol. 20, No.7.

Dijkstra, E. W. 1959. A note on two problems in connexion with graphs. *Numerische mathematik*, Vol. 1, No.1.

Djurhuus, S., H. Sten Hansen and M. Aadahl 2016. Building a multimodal network and determining individual accessibility by public transportation. *Environment and Planning B: Planning and Design,* Vol. 43, No.1.

El-Geneidy, A. M., P. Tetreault and J. Surprenant-Legault 2010. Pedestrian access to transit: Identifying redundancies and gaps using a variable service area analysis, No. 10-0837.

El-Geneidy, A., M. Grimsrud and R. Wasfi, *et al.* 2014. New evidence on walking distances to transit stops: Identifying redundancies and gaps using variable service areas. *Transportation*, Vol. 41, No.1.

El-Geneidy, A., D. Levinson 2007. Mapping accessibility over time. *Journal of Maps*, Vol. 3, No.1.

Fan, Y., R. Allen and T. Sun 2014. Spatial mismatch in Beijing, China: Implications of job accessibility for Chinese low-wage workers. *Habitat International*, Vol. 44.

Fan, Y., A. Guthrie and D. Levinson 2010. Impact of Light Rail Implementation on Labor Market Accessibility.

Fielding, G. J., R. E. Glauthier and C. A. Lave 1978. Performance indicators for transit management. *Transportation*, Vol. 7, No.4.

Freeman, L. C. 1978. Centrality in social networks conceptual clarification. *Social networks*, Vol. 1, No.3.

Gao, Y. 2011. Shortest path problem with uncertain arc lengths. *Computers & Mathematics with Applications*, Vol. 62, No.6.

Geurs, K. T., B. Van Wee 2004. Accessibility evaluation of land-use and transport strategies: review and research directions. *Journal of Transport geography*, Vol. 12, No.2.

Golub, A., K. Martens 2014. Using principles of justice to assess the modal equity of regional transportation plans. *Journal of Transport Geography*, Vol. 41.

Grengs, J., J. Levine and Q. Shen 2010. Intermetropolitan comparison of transportation accessibility: sorting out mobility and proximity in San Francisco and Washington, DC. *Journal of Planning Education and Research*, Vol. 29, No.4.

Grengs, J. 2010. Job accessibility and the modal mismatch in Detroit. *Journal of Transport Geography*, Vol. 18, No.1.

Gutiérrez, J., J. C. García-Palomares 2008. Distance-measure impacts on the calculation of transport service areas using GIS. *Environment and Planning B: Planning and Design*, Vol. 35, No.3.

Guzman, L. A., D. Oviedo and C. Rivera 2017. Assessing equity in transport accessibility to work and study: The Bogotá region. *Journal of Transport Geography*, Vol. 58.

Hamilton, B. W., A. Röell 1982. Wasteful commuting. *Journal of political economy*, Vol. 90, No.5.

Handy, S. L., D. A. Niemeier 1997. Measuring accessibility: an exploration of issues and alternatives. *Environment and planning A*, Vol. 29, No.7.

Hansen, W. G. 1959. *Accessibility and residential growth* (Doctoral dissertation, Massachusetts Institute of Technology.

Hawas, Y. E., M. Khan and N. Basu 2012. Evaluating and enhancing the operational performance of public bus systems using GIS-based data envelopment analysis. *Journal of Public Transportation*, Vol. 15, No.2.

Hess, D. B. 2012. Walking to the bus: perceived versus actual walking distance to bus stops for older adults. *Transportation*, Vol. 39, No.2.

Hillman, R., G. Pool 1997. GIS-based innovations for modelling public transport accessibility. *Traffic engineering & control*, Vol. 38, No.10.

Horner, M. W., A. T. Murray 2004. Spatial representation and scale impacts in transit service assessment. *Environment and Planning B: Planning and Design*, Vol. 31, No.5.

Hu, L., Y. Fan and T. Sun 2017. Spatial or socioeconomic inequality? Job accessibility changes for low-and high-education population in Beijing, China. *Cities*, Vol. 66.

Hu, L. 2015. Changing effects of job accessibility on employment and commute: a case study of Los Angeles. *The Professional Geographer*, Vol. 67, No.2.

Hu, L. 2014. Changing job access of the poor: Effects of spatial and socioeconomic transformations in

Chicago, 1990–2010. *Urban Studies*, Vol. 51, No.4.

Hu, L. 2017. Job accessibility and employment outcomes: which income groups benefit the most? Transportation, Vol. 44, No.6.

Hutchinson, B. G. 1974. Principles of urban transport systems planning.

Ihlanfeldt, K. R., D. L. Sjoquist 1990. Job accessibility and racial differences in youth employment rates. *The American economic review*, Vol. 80, No.1.

Ingram, D. R. 1971. The concept of accessibility: a search for an operational form. *Regional studies*, Vol. 5, No.2.

Jung, Y. J., J. M. Casello, 2020. Assessment of the transit ridership prediction errors using AVL/APC data. *Transportation*, Vol. 47, No.6.

Kain, J. F. 1968. Housing segregation, negro employment, and metropolitan decentralization. *The quarterly journal of economics*, Vol. 82, No.2.

Kawabata, M. 2003. Job access and employment among low-skilled autoless workers in US metropolitan areas. *Environment and planning A*, Vol. 35, No.9.

Kimpel, T. J., K. J. Dueker and A. M. El-Geneidy 2007. Using GIS to measure the effect of overlapping service areas on passenger boardings at bus stops. *Urban and Regional Information Systems Association Journal*, Vol. 19, No.1.

Kwan, M. P. 1998. Space‐time and integral measures of individual accessibility: a comparative analysis using a point‐based framework. *Geographical analysis*, Vol. 30, No.3.

Lättman, K., L. E. Olsson and M. Friman 2016. Development and test of the Perceived Accessibility Scale (PAC) in public transport. *Journal of Transport Geography*, Vol. 54.

Lei, T. L., R. L. Church 2010. Mapping transit‐based access: integrating GIS, routes and schedules. *International Journal of Geographical Information Science*, Vol. 24, No.2.

Levine, J., Y. Garb 2002. Congestion pricing's conditional promise: promotion of accessibility or mobility?. *Transport Policy*, Vol. 9, No.3.

Levinson, D. M. 1998. Accessibility and the journey to work. *Journal of transport geography*, Vol. 6, No.1.

Logan, T. M., T. G. Williams and A. J. Nisbet, *et al.* 2019. Evaluating urban accessibility: leveraging open-source data and analytics to overcome existing limitations. *Environment and Planning B: Urban Analytics and City Science*, Vol. 46, No.5.

Lotfi, S., M. J. Koohsari 2009. Analyzing accessibility dimension of urban quality of life: Where urban designers face duality between subjective and objective reading of place. *Social indicators research*, Vol. 94, No.3.

Maćkiewicz, A., W. Ratajczak 1996. Towards a new definition of topological accessibility. *Transportation Research Part B: Methodological*, Vol. 30, No.1.

Malekzadeh, A., E. Chung 2020. A review of transit accessibility models: Challenges in developing transit accessibility models. *International journal of sustainable transportation*, Vol. 14, No.10.

Manaugh, K., L. F. Miranda-Moreno and A. M. El-Geneidy 2010. The effect of neighbourhood characteristics, accessibility, home–work location, and demographics on commuting distances. *Transportation*, Vol. 37, No.4.

Maria Kockelman, K. 1997. Travel behavior as function of accessibility, land use mixing, and land use balance: evidence from San Francisco Bay Area. *Transportation research record*, Vol. 1607, No.1.

Matas, A., J. L. Raymond and J. L. Roig 2010. Job accessibility and female employment probability: The cases of Barcelona and Madrid. *Urban Studies*, Vol. 47, No.4.

Mavoa, S., Witten, K., T. McCreanor and D. O'sullivan 2012. GIS based destination accessibility via public transit and walking in Auckland, New Zealand. *Journal of transport geography*, Vol. 20, No.1.

McQuaid, R. W. 2006. Job search success and employability in local labor markets. *The Annals of Regional Science*, Vol. 40, No.2.

Miller, H. J. 1999. Measuring space-time accessibility benefits within transportation networks: Basic theory and computational procedures. *Geographical analysis*, Vol. 31, No.1.

Minocha, I., P. S. Sriraj and P. Metaxatos, et al. 2008. Analysis of transit quality of service and employment accessibility for the Greater Chicago, Illinois, Region. *Transportation research record*, Vol. 2042, No.1.

Moreno-Monroy, A. I., R. Lovelace and F. R. Ramos 2018. Public transport and school location impacts on educational inequalities: Insights from São Paulo. *Journal of transport geography*, Vol. 67.

Morris, J. M., P. L. Dumble and M. R. Wigan 1979. Accessibility indicators for transport planning. *Transportation Research Part A: General*, Vol. 13, No.2.

Neutens, T., T. Schwanen and F. Witlox, et al. 2010. Equity of urban service delivery: a comparison of different accessibility measures. *Environment and Planning A*, Vol. 42, No.7.

Niemeier, D. A. 1997. Accessibility: an evaluation using consumer welfare. *Transportation*, 24, No.4, 377-396.

O'Neill, W. A., R. D. Ramsey and J. Chou 1992. Analysis of transit service areas using geographic information systems. *Transportation Research Record*, Vol. , No.1364.

O'Sullivan, D., A. Morrison and J. Shearer 2000. Using desktop GIS for the investigation of accessibility by public transport: an isochrone approach. *International Journal of Geographical Information Science*, Vol. 14, No.1.

O'Sullivan, S., J. Morrall 1996. Walking distances to and from light-rail transit stations. *Transportation Research Record*, Vol. 1538, No.1.

Owen, A., D. M. Levinson 2015. Modeling the commute mode share of transit using continuous accessibility to jobs. *Transportation research part A: policy and practice*, Vol. 74.

Páez, A., D. M. Scott and C. Morency 2012. Measuring accessibility: positive and normative implementations of various accessibility indicators. *Journal of Transport Geography*, Vol. 25.

Papa, E., L. Bertolini 2015. Accessibility and transit-oriented development in European metropolitan areas. *Journal of Transport Geography*, Vol. 47.

Pingel, T. J. 2010. Modeling slope as a contributor to route selection in mountainous areas. *Cartography and Geographic Information Science*, Vol. 37, No.2.

Pirie, G. H. 1979. Measuring accessibility: a review and proposal. *Environment and planning A*, Vol. 11, No.3.

Proffitt, D. R., M. Bhalla and R. Gossweiler, et al. 1995. Perceiving geographical slant. *Psychonomic bulletin & review*, Vol. 2, No.4.

Sanchez, T. W. 1999. The connection between public transit and employment: The cases of Portland and Atlanta. *Journal of the American Planning Association,* Vol. 65, No.3.

Sari, F. 2015. Public transit and labor market outcomes: Analysis of the connections in the French agglomeration of Bordeaux. *Transportation research part A: policy and practice,* Vol. 78.

Shen, Q. 1998. Location characteristics of inner-city neighborhoods and employment accessibility of low-wage workers. *Environment and planning B: Planning and Design*, Vol. 25, No.3.

Shi, F., L. Zhu 2019. Analysis of trip generation rates in residential commuting based on mobile phone signaling data. *Journal of Transport and Land Use*, Vol. 12, No.1.

Silva, C., P. Pinho 2010. The Structural Accessibility Layer (SAL): revealing how urban structure constrains travel choice. *Environment and Planning A*, Vol. 42, No.11.

Singleton, A. 2014. A GIS approach to modelling CO_2 emissions associated with the pupil-school commute. *International Journal of Geographical Information Science*, Vol. 28, No.2.

Su, S., Z. Li, and M. Xu, *et al.* 2017. A geo-big data approach to intra-urban food deserts: Transit-varying accessibility, social inequalities, and implications for urban planning. *Habitat International*, Vol. 64.

Thakuriah, P. 2001. Urban Transportation Planning: A Decision-Oriented Approach. *Journal of Transportation Engineering*, Vol. 127, No.5.

Tilahun, N., Y. Fan 2014. Transit and job accessibility: an empirical study of access to competitive clusters and regional growth strategies for enhancing transit accessibility. *Transport Policy*, Vol. 33.

Tyler, N. 2011. Capabilities and accessibility: a model for progress. *Journal of Accessibility and Design for All*, Vol. 1, No.1.

Tyndall, J. 2017. Waiting for the R train: Public transportation and employment. *Urban Studies*, Vol. 54, No.2.

Van Wee, B. 2016. Accessible accessibility research challenges. *Journal of transport geography*, Vol. 51.

Wachs, M., T. G. Kumagai 1973. Physical accessibility as a social indicator. *Socio-Economic Planning Sciences*, Vol. 7, No.5.

Wang, C. H., N. A. Chen 2015. A GIS-based spatial statistical approach to modeling job accessibility by transportation mode: case study of Columbus, Ohio. *Journal of transport geography*, Vol. 45.

Wang, F. 2000. Modeling commuting patterns in Chicago in a GIS environment: A job accessibility perspective. *The Professional Geographer*, Vol. 52, No.1.

Wang, P., M. C. González and C. A. Hidalgo, *et al.* 2009. Understanding the spreading patterns of mobile phone viruses. *Science*, Vol. 324, No.5930.

Welch, T. F. 2013. Equity in transport: The distribution of transit access and connectivity among affordable housing units. *Transport policy*, Vol. 30.

Xu, Y., X. Li and S. L. Shaw, *et al.* 2020. Effects of data preprocessing methods on addressing location uncertainty in mobile signaling data. *Annals of the American Association of Geographers*, Vol. 111, No.2.

Yang, W., B. Y. Chen and X. Cao, *et al.* 2017. The spatial characteristics and influencing factors of modal accessibility gaps: A case study for Guangzhou, China. *Journal of Transport Geography*, Vol. 60.

Yigitcanlar, T., N. Sipe and R. Evans, *et al.* 2007. A GIS-based land use and public transport accessibility indexing model. *Australian planner*, Vol. 44, No.3.

Zhao, F., L.F. Chow and M. T. Li, *et al.* 2003. Forecasting transit walk accessibility: Regression model alternative to buffer method. *Transportation Research Record*, Vol. 1835, No.1.

Zhao, J., W. Deng and Y. Song, *et al.* 2014. Analysis of Metro ridership at station level and station-to-station level in Nanjing: An approach based on direct demand models. *Transportation*, Vol. 41, No.1.

Zhao, P., B. Lu 2010. Exploring job accessibility in the transformation context: an institutionalist approach and its application in Beijing. *Journal of Transport Geography*, Vol. 18, No.3.

Zhao, Z., L. Yin and S. L. Shaw, *et al.* 2018. Identifying stops from mobile phone location data by introducing uncertain segments. *Transactions in GIS*, Vol. 22, No.4.

包丹文、郭唐仪、夏洪山："就业可达性量化方法及分布特征研究——以南京市为例"，《城市交通》，2014年第5期。

蔡铭、周展鸿："道路交通外部成本评估研究综述"，《中山大学学报（自然科学版）》，2015年第4期。

曹小曙、黄晓燕：《特大城市公共交通可达性与小汽车出行决策》，北京：商务印书馆，2015年。

陈略、熊宸、蔡铭："手机信令的时空密度轨迹点识别算法"，《计算机工程》，2021年第3期。

崔洪军、陆建、朱敏清："基于居民出行时耗与出行比例关系的OD矩阵估算新方法"，《交通与计算机》，2006年第2期。

戴鸿远、叶士召："公路网连通度评价方法研究"，《公路与汽运》，2007年第4期。

方彬、石飞："道路网连通性度量方法的研究进展和展望——从规范制定的角度探讨如何在中国推广街区制"，《国际城市规划》，2019年第4期。

何保红、陈丽昌、高良鹏等："公交站点可达性测度及其在停车分区中的应用"，《人文地理》，2015年第3期。

胡永举："城市居民出行成本的量化方法研究"，《交通运输工程与信息学报》，2009年第1期。

黄圣安、李玮峰、杨东援："基于POI数据的上海市基础医疗设施可达性分析"，《综合运输》，2017年第5期。

黄应淮、刘小平、刘艳平："基于高德地图API的多种交通方式下城市公园时空可达性分析——以广州市海珠区为例"，《地理与地理信息科学》，2018年第6期。

蒋海兵、徐建刚、祁毅："京沪高铁对区域中心城市陆路可达性影响"，《地理学报》，2010年第10期。

康健、徐进亮："北京市公交补贴对缓解交通压力的实证研究"，《价格理论与实践》，2016年第4期。

刘冰、张涵双、曹娟娟等："基于公交可达性绩效的武汉市空间战略实施评估"，《城市规划学刊》，2017年第1期。

刘淼、刘峥、徐猛："互联网地图服务的可达性出行时间数据获取及其应用设想"，《交通与运输（学术版）》，2017年第1期。

刘志林、王茂军、柴彦威："空间错位理论研究进展与方法论评述"，《人文地理》，2010年第1期。

龙瀛、毛其智：《城市规划大数据理论与方法》，中国建筑工业出版社，2019年。

陆建、王炜："城市居民出行时耗特征分析研究"，《公路交通科技》，2004年第10期。

吕斌、张纯、陈天鸣："城市低收入群体的就业可达性变化研究——以北京为例"，《城市规划》，2013年第1期。

潘海啸："城市交通与5D模式"，《城市交通》，2009年第4期。

祁毅：《规划支持系统与城市公共交通》，南京东南大学出版社，2010年。

祁毅、徐建刚："基于空间可达性栅格建模的公共设施布局规划分析方法"，中国地理信息系统协会创新与发展2006高校GIS论坛，2006年。

秦艺帆、石飞：《地图时空大数据爬取与规划分析教程》，东南大学出版社，2019年。

汤国安："我国数字高程模型与数字地形分析研究进展"，《地理学报》，2014年第9期。

佟琼、王稼琼、王静："北京市道路交通外部成本衡量及内部化研究"，《管理世界》，2014年第3期。

王宝辉、杨东援："借助GIS技术计算公交覆盖率的方法研究"，《交通与计算机》，1999年第5期。

王寰、张智君："坡度的高估是系统性的还是测量造成的——感觉方式和报告方式对坡度知觉的影响"，

《应用心理学》，2011年第3期。

王绮、修春亮、魏冶等："基于高斯两步移动搜索法的沈阳市就业可达性评价"，《人文地理》，2015年第2期。

吴凡、石飞、肖沛余等："城市路网布局结构对公共交通出行的影响"，《南京工业大学学报（自然科学版）》，2019年第4期。

吴江洁、孙斌栋："居民就业可达性的空间分布及对收入的影响——基于上海都市区的实证研究"，《地理研究》，2015年第9期。

肖志权、张子民、毛曦等："基于手机信令数据居民出行链提取算法"，《北京测绘》，2019年第10期。

谢栋灿："基于互联网地图服务的城市一日交流圈分析——以沪宁杭三市为例"，规划60年成就与挑战——2016中国城市规划年会论文集（04城市规划新技术应用），2016年。

徐继荣："上海成片风貌保护的规划探索"，《上海城市规划》，2017年第6期。

徐建华：《计量地理学（第二版）》，高等教育出版社，2014年。

杨涛、过秀成："城市交通可达性新概念及其应用研究"，《中国公路学报》，1995年第2期。

杨晓飞、马健霄、仲小飞："公交服务半径及服务水平研究"，《森林工程》，2011年第1期。

姚志刚、傅宇豪、张俊青："站点可达性方法对公交不平等测度的影响研究"，《交通运输系统工程与信息》，2021年第3期。

尤雨婷："客运铁路时空可达性与城镇活力空间分布"，2017中国城市规划年会论文集，2017年。

张春勤、隽志才、刘志凯："公共交通服务绩效评价研究综述"，《计算机应用研究》，2015年第1期。

张天然、朱春节："伦敦公共交通可达性分析方法及应用"，《城市交通》，2019年第1期。

张雪彬："关于我国公交企业财政补贴机制的探讨"，《特区经济》，2016年第2期。

钟业勋、胡宝清、张卫京等："地球表面、大地水准面和地球椭球的数学定义"，《黑龙江工程学院学报（自然科学版）》，2010年第4期。

周华庆、杨家文："巴士公交财政补贴及服务供给效率：深圳改革的启示"，《中国软科学》，2015年第11期。

周江评："'空间不匹配'假设与城市弱势群体就业问题：美国相关研究及其对中国的启示"，《现代城市研究》，2004年第9期。

周雨阳、李芮智、潘利肖等："北京南站公共交通可达性计算与评价"，《北京工业大学学报》，2020年第12期。

后 记

多年来，低碳城市、公交都市、绿色交通、公交优先等理念引领着中国城市交通的发展。在这些理念下，指标选取极为重要，典型的如公交分担率。但早在三十年前，学者指出分担率指标仅考虑了出行人次而无法表征出行强度，但至今未有更为先进的和业内认可的公交规划指标出现。

在拥堵越来越普遍的情况下，城市交通的供给侧改革显得尤为重要，突出体现在缓堵目标的设定上。事实上，缓堵的根本是将小汽车使用者转移至公共交通，因此，目标不应是使小汽车提速，而是提高公共交通吸引力。但目前超大城市公交车速偏低，与私人小汽车相比缺乏竞争力。并且，多年来的缓堵目的设定为为机动车排堵保畅，忽视了公共交通和慢行交通的优先发展。因此，供给侧改革要求下应突出公共交通的目标定位。

可达性的研究由来已久，地理、规划界均有大量专家学者开展了广泛和深入的研究工作。成果主要集中于区域层面的可达性和偏重于高铁、小汽车的交通方式可达性研究。以城市公共交通和完整公交出行链为对象的研究工作较少，凸显了该工作的研究难度。基于上述背景和理解，作者强化公共交通可达性概念并提出基于大数据的测度方法，以明确缓堵标的，并有效提升了指标的科学性和可测度性。

事实上，公共交通可达性作为一项技术手段既可用于地理学、城乡规划学的空间分析，又可作为城市交通供给侧改革的核心测度，并且作为一种理论方法应用到多学科的深入研究中，前景广阔。具体地，在城乡规划学中可应用于"城市适应公交"型城市空间形态研究、公交都市研究等；在交通规划学中可应用于交通设施优化布局、交通需求预测模型分析、交通规划实施评估等；在行为地理学中可应用于出行方式选择机制研究等；在社会学中可应用于社会公平、交通公平性分析等；在城市经济学中可应用于商业设施选址，住房、土地租金研究等。期望本书的出版能为多学科共同开展可达性分析研究提供一些帮助。